iPad
仕事術!
SPECIAL 2020

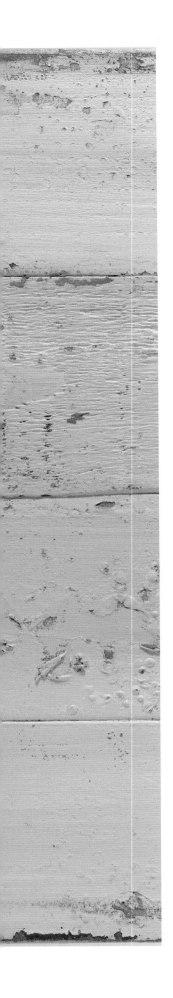

CONTENTS

model/
Risa Nishimura
Photo/
Fumihiko Suzuki
(snap!)

13・・・・・・・・・ **大特集 手書きノート 徹底検証!!**

14・・・・・・・・・ **対決!! GoodNotes 5 vs Noteshelf 2**

30・・・・・・・・・ **farim×GoodNotes 5**
私のGoodNotes 5の使い方

38・・・・・・・・・ **コンセプト**
広大なキャンバスで自在に手書き!

おすすめ手書きアプリ SELECTION!!!

82 ········· Notability
シンプルながら意外に多機能で便利な手書きノート

92 ········· メモ
純正アプリならではの安心感!
「メモ」や「マークアップ」を使いこなそう

102 ········· 私はこんな用途に
手書きノートを使ってます

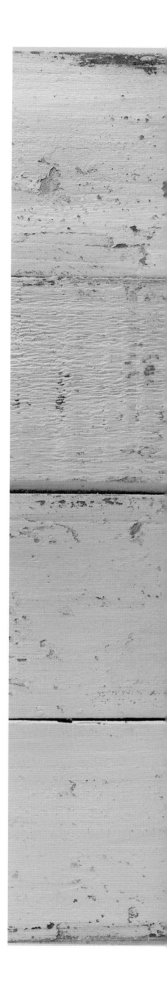

iPad Working StyleBook
SPECIAL EDITION!!!

model/Risa Nishimura
Photo/Fumihiko Suzuki(snap!)

テキスト入力と思考は違う作業である

アイデアに詰まったり、問題に直面したときは、古くから「とりあえず思いついたことを全部、紙に書いてみる」という手法が存在していた。大きめの紙にドンドン思いつくことを書き続けていき、共通点があるキーワードとキーワードを線でつないだり、重要なことは丸で囲んだり……という方法だ。

また、単語帳のようなカードにそれぞれキーワードを書いていって、あとで並べ替えて頭の中を整理していく方法も経験したことのある人は多いはずだ。それらの方法は多少なりとも効果があった。

パソコンが普及してからその手法を行う人は減り、皆「とりあえずキーボードでテキストを入力して、そこから考えよう」というスタイルが多くなったように感じる。パソコンで淡々とテキストを入力していくのは一見スマートで正しい方法に思えるのだが、一向に考えがまとまらず、なんとなく仕事っぽい行為をやっただけ……そんな結果に終わってしまった、という経験はないだろうか。

それはパソコンでテキストを入力しても、キーワードとキーワードの関係や、重要性、優先度……それらの情報が抜け落ちたままだからなのである。紙に書いた手書きのものならば、書きながら赤で囲んだり、マーカーで強調したり、線でつなくことができる。その行為こそが「考える」ことそのものなのである。パソコンでのテキスト入力は、その「考える」ことに実はまったく向いていない。もちろん、アイデアプロセッサやツリー形式のエディタなど、多少の補完が可能なツールはあるが、自由に紙に書き出して行う思考整理のレベルまでは達していないだろう。

iPadは「考える」ための最強ツール!

脳を活性化させ、深

可能になる「手書き

iPadはアナログとデジタルのいいとこどりを実現したツール

その、「紙に書き出す」思考整理のレベルを格段に向上させたのが、iPadの"手書き"ツールである。書き味は紙とペンそのものといっていいツールを使い、ページ数や紙の大きさも気にせず思いつくままに書き込むことができる。そして、それだけでなく、書き込んだものの位置や大きさ、色を自由に変え、存分に頭の中を整理することが可能だ。いらない文字や絵を消すにも、面倒な消しゴムを使うことなく、投げ縄ツールなどでサクッと消去できる。現在、iPadの手書きツール以上に「考える」行為に適したツールは存在しないだろう。

本書では、評判が高く、利用ユーザーの多い手書きノートを厳選して徹底紹介している。巻頭では人気の「GoodNotes 5」と「Noteshelf」の徹底比較を行った。どちらを使うべきか悩んでいる人にはもちろん、どちらかをすでに使いこんでいる人にも役立つ記事になっていると思う。旅行雑誌の編集者であるファリンさんのGoodNotes 5活用術は、自分の仕事のどの部分に手書きノートを使えばいいのか悩んでいる人には最適の記事だろう。そのほかにも「コンセプト」や「Notability」など個性的な手書きノートの使い方を詳しく解説しているので、ぜひとも一読していただきたい。また、巻末の「私はこんな用途に手書きノートを使っています」では、3人の手書きノートの活用法を実際のノート画面を使って解説しており、絶対必見だ。

ノートPCより持ち運びやすく、優れたアプリがギッシリと揃ったiPad。お気に入りの手書きノートにApple Pencilで思いのままにアイデアを書き込んで仕事のクオリティをさらにアップさせていこう！

い思考が
ノート」

iPad
仕事術！
SPECIAL 2020

Apple Pencilが使える機種なら
基本どの機種でも問題ない!

現在Apple Storeで新品として購入できるiPadは右ページの5モデルである。どの製品もApple Pencilが快適に使えるので手書きノートアプリなどを使うにはまったく問題がない。セレクトの際のポイントとなるのは、iPadのサイズと価格、そして第2世代のApple Pencilを使いたいかどうかになるだろう。

第2世代のApple PencilはiPadの側面でスマートに充電が可能なのでそこを重視するならiPad Pro一択となる。iPad Pro（Face IDモデル）は、11インチも12.9インチともに、1世代前のモデルでも通常の使用ならまるで問題はないだろう。最新モデルは割高なの

で、整備済み製品を狙うのもいいだろう。

また、とにかく安くApple Pencilが使えるモデルを欲しいならiPad（第7世代）が圧倒的におすすめだ。Wi-Fiモデルなら34,800円（税抜）で買えてしまうから驚きだ。画面サイズも10.2インチと充分なサイズが確保されている。

問題なく仕事に使える旧モデルは?

いつ以降の製品が仕事に使えるかどうかは、個人の印象で違うので、Apple Pencilが使えるモデルという意味では以下のようになる。

iPad Pro●9.7インチ、10.5インチ、12.9インチ、11インチのすべてのiPad Pro
iPad●9.7インチ（第6世代）

今、仕事で使える iPadはこれ!

最新のProは
カメラが凄い!

2020モデルのProは、10MPの新しい超広角カメラと12MPの広角カメラの2つを搭載した。さらに、ARの分野の可能性を大きく広げるLiDARスキャナも搭載している。この進歩を味わうには最新モデル以外に手はない。

第2世代の Apple Pencilの魅力!

Apple Pencilは書き味などは初代モデルでもまるで問題はないが、問題は充電スタイルである。iPad Proの側面にマグネットで吸着した状態で充電が可能なのはiPad Proを購入したくなる大きな要因となっている。

Apple Storeで現在購入できるiPadはこれ!

	12.9インチ iPad Pro（第4世代）	11インチ iPad Pro（第2世代）	iPad Air（第3世代）	iPad（第7世代）	iPad mini（第5世代）

	最新のA12Z Bionicチップ、超広角カメラ、LiDARスキャナが装備された現在最高スペックのiPad。	最新のA12Z Bionicチップ、超広角カメラ、LiDARスキャナが装備された現在最高スペックのiPad。	A12 Bionicチップのパワーを味わえる使いやすい10.5インチのiPad。	驚異の低価格を実現した、史上最もコストパフォーマンスの高いiPad。	熱烈なファンも多い、7.9インチのiPad。もちろん、Apple Pencilが使え、処理速度も速い!
画面サイズ	12.9インチ・Liquid Retina	11インチ・Liquid Retina	10.5インチ・Retina	10.2インチ・Retina	7.9インチ・Retina
認証	Face ID	Face ID	Touch ID	Touch ID	Touch ID
チップセット	A12Z Bionic	A12Z Bionic	A12 Bionic	A10 Fusion	A12 Bionic
対応Apple Pencil	第2世代	第2世代	第1世代	第1世代	第1世代
コネクタ	USB-C	USB-C	Lightning	Lightning	Lightning
価格	104,800円（税別）～	84,800円（税別）～	54,800円（税別）～	34,800円（税別）～	45,800円（税別）～

本書の使い方

アプリの入手方法について

本書で紹介しているアプリにはiPadに標準で入っているアプリと、App Storeで扱っているアプリの2種類があります。App StoreのアプリはApp Storeアプリでカテゴリから探すか、iPadのカメラアプリを利用して誌面のQRコードを読み取り、インストールしてください。

**Adobe
Illustrator Draw**

情報
価格／無料
カテゴリ／
仕事効率化

誌面のアプリ紹介部分のQRコードをカメラで読み取ろう。

**Adobe
Illustrator**

作者／Adobe
価格／無料
カテゴリ／
仕事効率化

標準のカメラアプリにQRコードをかざすと読み取ってくれる。

もっと基本的なことを知りたい場合は

本書は、ある程度iPadを使った経験がある人に向けて編集していますので、スペースの都合上、iPadの基本的な情報は網羅できておりません。iPadの扱い方の基本は、Appleのサポートサイトで無料で閲覧できる「iPadユーザーガイド」を読むのがオススメです。サイトにアクセスすると、何種類かのユーザーガイドが表示されますが、「iPadOSソフトウェア用」を選びましょう。

**Apple製品別
マニュアルサイト**

https://support.apple.com/
ja_JP/manuals/ipad

「iPadユーザーガイド」を
セレクトしよう

上記サイトにアクセスしよう。iPad以外の製品の解説書も読むことができる。

iPadの基本的な使い方がわかりやすくまとめられている。

WARNING!!

本書掲載の情報は、2020年4月10日現在のものであり、各種機能や操作方法、価格や仕様、WebサイトのURLなどは変更される可能性があります。本書の内容はそれぞれ検証した上で掲載していますが、すべての機種、環境での動作を保証するものではありません。以上の内容をあらかじめご了承の上、すべて自己責任でご利用ください。

大特集
手書きノート
徹底検証!!
Ultimate Free-Hand Notes!!!!

名前：GoodNotes 5
作者：Time Base Technology Limited
価格：980円
カテゴリ：仕事効率化

対決!!

GoodNotes 5

タブ／フォルダ／筆圧感知／ペン／消しゴム／蛍光ペン／投げ縄／テキスト変換／テキスト入力／文字検索／ズーム／テンプレート／シェイプ／ファイル挿入／マルチタスク対応／レーザーポインタなど。

効率的にノートを作成・管理できる人気ノートアプリ

シンプルな画面で、筆圧感知を使った滑らかな文字が書けることで人気が高い。iPadOSのマルチタスク機能に対応しており、作成した手書きノートを並べて表示できる。フォルダ機能やタブを備え、ノートを効率的に管理できる点が特徴。

GoodNotes 5とNoteshelfは、App Storeの「トップ有料App」で常に上位ランキングに位置づける人気ノートアプリだが、どちらのノートアプリが総合的に優れているのか、また機能に違いがあるのかよくわかっていないユーザーは多いだろう。ここでは両アプリに搭載されているペンや投げ縄ツール、シェイプなど基本的な機能を比較しつつ、独自の特徴的な機能を解説しよう。

名前：Noteshelf
作者：Fluid Touch Pte. Ltd.
価格：1,220円
カテゴリ：仕事効率化

S Noteshelf

機能の多さとカスタマイズ性が魅力のノートアプリ

圧倒的に多機能なのが特徴の人気ノートアプリ。利用できるペンや、消しゴム、シェイプ、テンプレートの種類が豊富で、カスタマイズ性が高い。また、筆圧感知の設定をすることで思い通りの筆致が書けるようになる。

お気に入り/音声録音/筆圧感知/ペン/消しゴム/蛍光ペン/投げ縄/テキスト変換/テキスト入力/文字検索/ズーム/テンプレート/シェイプ/ファイル挿入/マルチタスク対応/カテゴリ/クラウドサービス対応など。

GoodNotes 5の
ペンの種類と特徴を知ろう

3種類のペンと
蛍光ペンを使いこなそう

GoodNotes 5では、「万年筆」「ボールペン」「筆ペン」の3種類のペンと1種類の蛍光ペンが用意されている。ペンでは標準で15種類のカラープリセットが用意されているが、自分で独自のカラープリセットを作成することもできる。よく利用するプリセットはツールバー右側に登録しよう。素早く切り替えることができる。また、ペンのサイズは3種類用意されているがそれぞれ0.1mm単位で細かく調節することができる。

蛍光ペンもペンと同様にツールバー右側に3種類のカラーと3種類のサイズのプリセットを登録することが可能だ。

1

タップ

万年筆

ペンのスタイル

万年筆　ボールペン　筆ペン

設定

スタイラス & パームリジェク

Apple Pencilを接続解除

ペンの種類を選択する

ツールバーからペンをタップしてペンの種類を選択しよう。ここではスタイラスやパームリジェクションの設定も行える。

2

タップ

ペンのカラー　編集

チェックを付ける

プリセット　カスタム

新しくカラーを作る

カラーをカスタマイズするにはツールバーのパレットボタンをタップ。利用するカラーにチェックを入れよう。「カスタム」から色を新しく作ることもできる。

3

利用する太さを選択する

名称未設定のノート

1.5 mm

左右にスライドして太さを調節する

ペンの太さを変更するにはツールバーのペンの太さボタンをタップしよう。標準では3種類のサイズが用意されており、各サイズは左右にスライドして自由に調節できる。

POINT

自動で直線補正してくれる
便利な蛍光ペン

GoodNotes 5では、蛍光ペンで直線を引くと自動的に直線補正する機能がある。重要なメモに対して蛍光ペンを使って下線やハイライトを素早く綺麗に引きたいときに便利な機能だ。

ツールバーの蛍光ペンをタップして「直線で描く」を有効にしよう。

PART 1
ペンの種類や
機能はどちらが上？

カラフルで丁寧なノートを
作るならNoteshelf!
効率よくメモを取るなら
GoodNotes 5

両アプリともにカラーは自由にカスタマイズできるが、利用できるペンの種類はNoteshelfのほうが2種類多い。また、Noteshelfには「お気に入り」機能を備えており、よく使うペン先、太さ、カラーの組み合わせを登録しておけば、効率よくお気に

Noteshelfの
ペンの種類と特徴を知ろう

**好きなカラーとペンの
組み合わせをお気に入り登録できる**

Noteshelfでは、ボールペン、万年筆、シャーペン、鉛筆の4種類のペンのほか、2種類の蛍光ペンが用意されており、Good

Notes 5よりもペンの種類が多い。

特徴としてはNoteshelfには、「お気に入り」機能が用意されており、よく利用するカラーとペン先の組み合わせを保存し

ておくことで、以前利用したペンをすぐに呼び出すことができる。何種類ものペンとカラーの組み合わせを使う人に便利な機能だ。蛍光ペンも通常のペンと同じくお気に入りに登録するこ

とができる。

なお、ペンの太さは8段階の調節が可能できるが、GoodNotes 5のような細かな調整はできない。

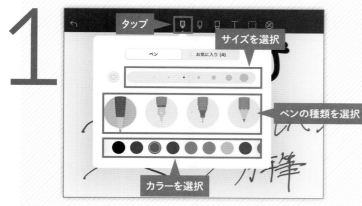

上部ツールバーからペンツールをタップすると設定パネルが表示される。利用するペンの種類、太さ、カラーを選択しよう。

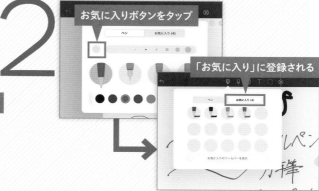

「ペン」パネルで利用するペンの設定をしたあとお気に入りボタンをタップすると「お気に入り」に設定したペンを登録できる。

お気に入りツールバーを
表示する

! POINT

お気に入りを呼び出す際、毎回「お気に入り」画面を開くのは面倒だ。「お気に入り」画面で「お気に入りのツールバーを表示」にチェックを入れると、ツールバー下にお気に入りに登録した設定が表示され、素早くペンを切り替えることができる。

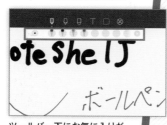

ツールバー下にお気に入りが表示される。

蛍光ペンのペン先は2種類から選択できる。ペン同様にサイズやカラーをカスタマイズしたり、お気に入りに登録することもできる。

入りのペンに切り替えることができる。カラフルで丁寧なノートを作りたい人なら、Noteshelfのほうが良いだろう。

逆に利用するペンやカラーなどが限られており、効率よくメ

モやアイデアをアウトプットすることを重視するのであればGoodNotes 5でもよいだろう。

評価

GoodNotes 5	★★★★	4.0
Noteshelf	★★★★☆	4.5

GoodNotes 5の
消しゴム機能をチェック!

**豊富な消しゴムの
オプション機能を使いこなそう**

GoodNotes 5の消しゴムは大、中、小の3つのサイズから選択できる。ペンや蛍光ペンのように細かなサイズ調整ができな

いのは残念だが、ざっくりした手書きノートの修正であれば問題ないだろう。

サイズ調整はできないが、消しゴムを効率的に利用できるオプション機能がいくつか搭載さ

れている。「ストローク全体を消去」を有効にすれば、消去したい線をタップするだけで瞬時に消すことができ、左右上下になぞる手間が省ける。また、「蛍光ペンのみ消去」を有効にすれば、

通常のペンは残したまま蛍光ペンだけをきれいに消去できる。また、ページ全体を消去したい場合は、「ページを消去」を選択しよう。

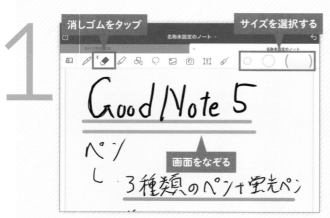

ツールバーから消しゴムを選択し、ツールバー右側に表示される3種類のサイズから適当なサイズを選択し、画面をなぞろう。

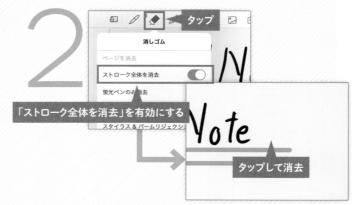

ツールバーの消しゴムをタップして「ストローク全体を消去」を有効にしたあと、線をタップすると一瞬でその線全体が消える。

ツールバーの消しゴムをタップして「蛍光ペンのみ消去」を有効にしてなぞると、ストロークを残して蛍光ペンのみ消してくれる。

POINT
「自動選択解除」を有効にして前のツールに切り替える

消しゴムの設定メニューで「自動選択解除」を有効にすると、消しゴム使用後、ペンを画面から離すだけで自動で直前に利用していたツールに切り替えてくれる。

PART 2
消しゴム対決!
どちらが快適に消せる?

**自動でサイズ調整してくれる
Noteshelfが
圧倒的便利!**

消しゴム対決では、Noteshelf側に圧倒的に軍配が上がる。その最大の理由はやはり

「AUTO」モードの有無だろう。消去する箇所に応じて自動でサイズを調節してくれるその快適さを一度味わうと、特にノート内容を細かくきれいに整理しているユーザーにとってはほかの

GoodNotes 5

VS

圧倒的に快適な Noteshelfの消しゴム機能！

超快適なAUTOモードで 消しゴムサイズを自動調整する

Noteshelfの消しゴムは大、中、小の3つのサイズに加えて「AUTO」というモードが用意されている。消しゴム設定を「AUTO」にすると、消す箇所に合わせて自動で消しゴムのサイズを自動調整してくれる。サイズ変更するためツールバーを行ったり来たりする手間が省け便利だ。

また、GoodNotes 5と同じく、タップした線を瞬時に消すことができる「ストローク全体を消去」機能や、蛍光ペンのみを消去する「蛍光ペンのみ消去」モードも用意されている。消しゴム設定画面から、表示しているページ全体を消去することもできる。

1

消しゴムをタップするとメニュー画面が表示される。3つのサイズとAutoモードに切り替えられる。

2

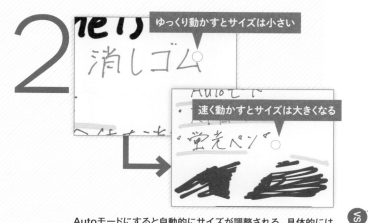

Autoモードにすると自動的にサイズが調整される。具体的にはペンの軌跡が速い場所ほどサイズは大きくなり、ゆっくりした場所ほどサイズは小さくなる。

VS Noteshelf

3

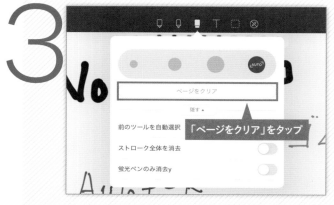

ページ全体を消去したい場合は、消しゴムのメニュー画面で「ページをクリア」をタップしよう。

写真は拡大表示させて レタッチしよう

POINT

Noteshelfにインポートした写真をタップすると表示されるメニューで「編集」をタップすると、写真レタッチ画面が起動する。下にある消しゴムを使って余計な部分を部分的に消去することが可能だ。通常の消しゴムではレタッチが難しい写真はレタッチ機能をうまく使おう。

写真レタッチ画面。中央の消しゴムをタップし、余計な部分をなぞれば消去できる。

ノートアプリは使えなくなるだろう。

ほかに、インポートした写真から不要な部分を削除したいときにNoteshelfは便利。写真をタップして現れるメニューの「編集」を選択すると、写真を拡大して、不要な部分と思われる箇所を消しゴム感覚で消去できる。これはGoodNotes 5にはないNoteshelfのユニークな機能だ。

評価

GoodNotes 5	★★★★	4.0
Noteshelf	★★★★★	5.0

便利な機能満載！
GoodNotes 5の投げ縄ツール

**スクリーンショットで
ほかのアプリとメモを共有する**

　GoodNotes 5の投げ縄ツールは機能が豊富。上部ツールバーから投げ縄ツールを有効にしたあと、対象部分をペンで囲い込みタップしよう。「スクリーンショットを撮る」「サイズ変更」「カラー」などさまざまなメニューが表示される。

　特に便利なのはスクリーンショット機能だろう。撮影した対象を共有メニューからメールやほかのアプリと簡単に共有することができる。ノートの一部をほかの人と共有する機会が多いユーザーに便利だろう。

　選択した手書き文字をテキスト変換してくれる「変換」機能も便利だ。テキスト変換した文字は、共有メニューから外部アプリに保存することが可能だ。

1 ツールバーから投げ縄をタップして有効にしたあと、編集したい場所をペンで囲い込んで一度タップしよう。メニューが表示される。

2 メニューから「スクリーンショットを撮る」を選択するとその部分だけをほかのアプリと共有できる。右上の共有メニューから共有先アプリを選択しよう。

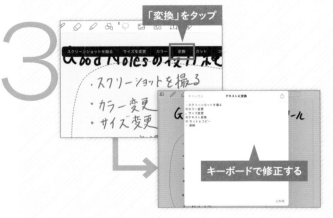

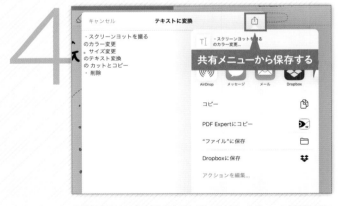

3 囲い込んだ部分をテキスト変換するには「変換」をタップ。テキストに変換される。変換がおかしい部分はキーボードで修正しよう。

4 変換したテキストを保存するには、スクリーンショット撮影と同じように、右上の共有メニューをタップして保存先を選択しよう。

PART 3
投げ縄ツールはどちらが便利？

両アプリとも利用できる機能はほとんど同じ

　GoodNotes 5とNoteshelfの投げ縄ツールで利用できる機能はほとんど同じ。ただし、テキスト変換機能のみ、Noteshelf

IfとGoodNotes 5では少し使い勝手が異なる。

　GoodNotes 5でテキスト形式に変換した手書き文字は、コピー＆ペーストやテキストファイルを通じて外部へ出力するこ

テキスト変換機能が便利な
Noteshelfの投げ縄ツール

**範囲選択して手書き文字を
すぐにテキストに置換できる**

Noteshelfの投げ縄ツールの
メニューは、GoodNotes 5の
メニューとほとんど変わらな
い。対象となる部分をペンで囲
い込んでタップすると「スクリ
ーンショットを撮る」「リサイ
ズ」「色」などのメニューが表示
される。スクリーンショット撮
影した部分は共有メニューから
ほかのアプリと共有することが
可能だ。

GoodNotes 5と異なるのは
テキスト変換機能だ。テキスト
変換メニューにある「テキスト
ボックスに変換」をタップする
と、囲い込んだ文字を直接テキ
ストに置換してくれ、GoodNo
tes 5のようにコピー＆ペース
トする必要はない。ただし、共
有メニューがなく変換したテキ
ストを即座に外部へ出力するこ
とはできない。

1

ツールバーから投げ縄ツールをタップして、編集したい場所をペ
ンで囲い込んで一度タップしよう。メニューが表示される。

2

テキスト変換画面が表示される。手書きした文字をそのままテキ
ストに置換したい場合は「テキストボックスに変換」をタップしよ
う。

3

テキストに変換される。タップするとテキストボックスが表示さ
れ、隅をドラッグすることでサイズ変更や位置の調節ができる。

4

テキストボックスをタップするとテキスト内容を直接編集するこ
とができる。また、キーボード上部からチェックリストや段落挿入
機能が利用できる。

とができる。一方、Noteshelfで
テキスト変換した手書き文字
は、クリップボードへのコピー
を通じて外部へ出力できるが共
有メニューを使って外部出力す
ることはできない。ただし、直
接Noteshelf上にテキストを配
置することができる。この機能
はGoodNotes 5にはない。手
書きした文字をあとでどう処理
するかで、それぞれの使い心地
が変わるだろう。

GoodNotes 5	★★★★☆	4.5
Noteshelf	★★★★☆	4.5

評価

VS
Noteshelf

GoodNotes 5の
図形作成やズーム機能は？

**塗りつぶし機能搭載の
シェイプツールが便利**

GoodNotes 5では、きれいにノートを取るための補助的なツールがいくつか用意されている。1つは丸や長方形や三角といった図形をきれいに描くのに便利なシェイプツールだ。GoodNotes 5のシェイプツールは、ペンツールと同じく「万年筆」「ボールペン」「筆ペン」の3つのペン先を選んでから利用する。

また、塗りつぶし機能で描いた図形の中を選択しているペンのカラー色で塗りつぶすことができる。

小さい字を書きたいときはズームツールを使おう。有効にして、ノート上に表示される拡大鏡を書き込み予定の場所へ移動させよう。その場所を拡大すれば、小さな文字でも快適に書ける。

1

ツールバーからシェイプをタップしたら、利用するペンを選択する。ツールバー右からカラーやペンのサイズを選択しよう。

2

丸や四角や三角などの図形を描いてみよう。きれいな図形が描ける。

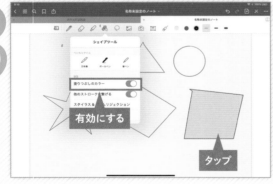

3

図形の内側を塗りつぶしたい場合は、ツールバーのシェイプをタップして「塗りつぶしのカラー」を有効にしよう。図形を描いた後、自動で内側を塗りつぶしてくれる。

4

拡大鏡を使って小さな文字を書くときはツールバーからズームをタップする。表示される青い枠組みを書く場所に移動したら、下部拡大パネルで文字を書こう。

PART 4
オプション機能は
どちらが便利！？

**シェイプツールは
GoodNotes 5
ズームツールはNoteshelf**

GoodNotes 5はシェイプツールは、選択したペンのカラーで図形内を均一に塗り潰せる便利な機能がある。この塗りつぶし機能はノート内にカラーチャートを作成したり、カラー付箋を作成したいときに非常に便利だ。Noteshelfにはない機能なので、この機能だけのためにGo

Noteshelfの 図形作成やズーム機能は？

ズームパネル上から直接ペンの切り替えができる

Noteshelfでシェイプツールを利用するには、ツールバー右側にあるシェイプをタップして有効にしよう。GoodNotes 5と異なり、シェイプ専用のペンはなく、普段利用しているペンが自動的にシェイプツールに変化し、きれいな直線や図形が描けるようになる。

また、Noteshelfにもズームツールが搭載されており、拡大鏡を利用して小さな文字を書くことができる。機能が豊富で拡大鏡上部にあるツールバーからペンや消しゴム、シェイプツールを切り替えたり、設定画面から自動改行設定のオン・オフや、行間やマージン位置の細かな調節が行える。

1

ツールバー右にあるシェイプをタップして有効にしたあと、いつも利用しているペンで図形を描いてみよう。きれいな図形に自動補正してくれる。

2

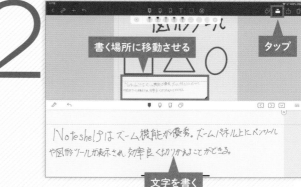

ズームツールを使うにはツールバー右からズームをタップする。表示される枠組みを書く場所に移動し、下部拡大パネルで文字を書こう。

3

拡大パネル上部のツールバーからペンや消しゴムなどのツールを切り替えることができる。改行ボタンや移動ボタンで枠組みを移動させることができる。

4

拡大パネル上部左端にあるスパナボタンをタップすると、改行時の行間設定や改行した際の左側の余白（マージン）の設定が行える。

odNotes 5を選択するユーザーも多いだろう。

一方、NoteshelfはズームツールがGoodNotes 5よりも機能が豊富。指定した行間値とマージン値で改行できるので、無地のノートでも傾きの少ない整った手書きの文章が作成できる。読みやすい手書き文章を作成したい人に便利だ。

評価

GoodNotes 5	★★★★☆	4.5
Noteshelf	★★★★☆	4.5

GoodNotes 5のノート管理は
<u>どんな方法がある</u>

**フォルダ分類と検索機能を
うまく使おう**

　GoodNotes 5でノート管理を快適にする方法はいくつかある。1つはフォルダ機能を使う方法だ。ノートの数が増えてきたらフォルダを作成しよう。複数のノートを1つにして管理できる。フォルダには好きな名前を付けることができ、フォルダ内にはサブフォルダを作ることができる。パソコンライクなファイル整理がしたい人に便利だ。

　ほかには検索を使ってノートを管理する方法がある。Good Notes 5の検索機能は、すべてのフォルダやノート内を横断検索でき、テキストだけでなく手書き文字やPDF内の文字もまとめて検索することが可能だ。検索結果画面では「タイトル」「手書きメモ」「PDF」などに分類して表示してくれる。

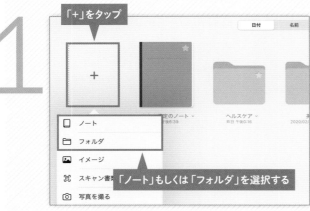

ノートやフォルダを作成するには、書類画面で追加ボタンをタップする。メニューが表示されるので「ノート」もしくは「フォルダ」を選択しよう。

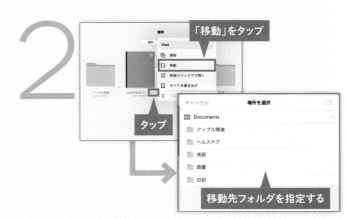

ノートやフォルダを移動するには、右下のメニューボタンをタップして「移動」を選択して、移動先フォルダを選択しよう。

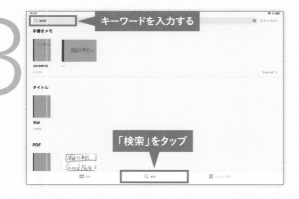

下部メニューの「検索」をタップしてキーワードを入力する。キーワードに合致した手書き文字、テキスト、PDF内の文書を検索結果に表示してくれる。

よく使うノートやフォルダは「よく使う項目」に登録する

POINT !

　GoodNotes 5を起動するたびによく利用するノートやフォルダは「よく使う項目」に登録しておこう。お気に入りから素早く開くことができる。ノートやフォルダ右上の星をタップするとお気に入り登録ができる。

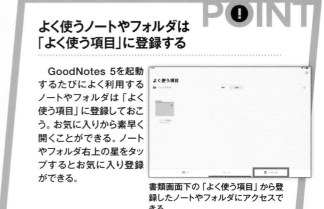

書類画面下の「よく使う項目」から登録したノートやフォルダにアクセスできる。

PART 5
ノート整理機能はどちらが便利！？

**ノート単位で整理するか
ページ単位で
整理するかで決めよう**

　GoodNotes 5のフォルダ機能は、フォルダ内にサブフォルダを無制限に作れるため、ノートブックを細かく分類できる。PC感覚でノート整理したいユーザーに向いているだろう。

　Noteshelfにはフォルダのような機能はないが、ノート内の指定したページを抽出して直接

Noteshelfのノート管理は どんな方法がある

**カテゴリ機能と豊富な
カバーデザインで分類する**

　Noteshelfで作成した各ノートは「カテゴリ」という整理機能を使って分類することができる。作成したカテゴリには自由に名前を付けることができ、ノートはドラッグ＆ドロップでカテゴリ間を自由に移動させることが可能。一見するとフォルダとよく似ているものの、フォルダのように階層を作って細かくノートを分類することができない点に注意しよう。

　また、Noteshelfにも検索機能が搭載されており、テキスト、手書き文字、ノートタイトルなどを横断検索し、キーワードに合致するノートを検索結果にまとめて表示してくれる。

1

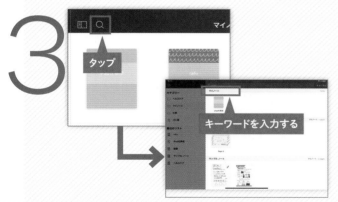

カテゴリを作成するには、書類画面のサイドバー右上にある作成ボタンをタップする。カテゴリ追加ウインドウが表示されるので、カテゴリ名を入力しよう。

2

ノートをドラッグ＆ドロップで作成したカテゴリに移動させよう。右上の「選択する」からノートを選択し、移動ボタンから移動することもできる。

3

タップ

キーワードを入力する

検索を利用するには書類画面左上にある検索ボタンをタップし、キーワードを入力しよう。キーワードに合致するノートが一覧表示される。

POINT!

**ノート内の指定したページを
ほかのノートに移動する**

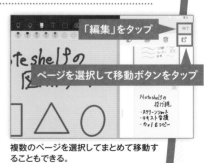

「編集」をタップ

ページを選択して移動ボタンをタップ

　Noteshelfはノートブック内の指定したページをほかのノートブックに直接移動することができる。ノートブックを開き、右上のサムネイルボタンをタップする。編集モードで移動したいページを選択して移動先ノートを指定しよう。

複数のページを選択してまとめて移動することもできる。

ほかのノートに移動させる機能がある。GoodNotes 5にも似たような機能（コピー＆ペースト）があるが少し手間がかかる。

　検索機能に関しては両アプリとも差異はほとんどない。ノート単位で整理することが多い人はGoodNotes 5、ページ単位で整理することが多い人はNoteshelfがおすすめだ。

評価

| GoodNotes 5 | ★★★★☆ | 4.5 |
| Noteshelf | ★★★★ | 4.0 |

VS Noteshelf

GoodNotes 5の
テンプレートの種類は?

**カスタマイズ性の高い
テンプレート**

GoodNotes 5にはノートを取る際に便利な多彩なテンプレートが多数搭載されている。テンプレートを利用するにはペー ジ追加画面に表示されるさまざまなデザインから利用したいものを選択すればよい。ノート内に指定したテンプレートの新規ページが挿入される。標準はイエローだが、用紙カラーや版型 を自由にカスタマイズすることが可能だ。

また、新規ノート作成時に標準で利用する用紙テンプレートを選択することができ、さらにノート作成時には、表紙デザイ ンもテンプレートから自由にカスタマイズができる。これらのテンプレートは無料で利用することが可能だ。

ノート画面で右上にある追加ボタンをタップする。テンプレートを挿入する場所を指定して、利用するテンプレートを選択しよう。

手順1で「テンプレート」をタップするとテンプレート画面に切り替わる。さまざまな種類のテンプレートが選択できる。また、用紙サイズや用紙カラーを変更することもできる。

POINT

テンプレートに写真を
利用することもできる

ページ追加画面で「イメージ」を選択すればiPadの「写真」に保存されている写真を用紙テンプレートとして利用することもできる。風景写真や標準にはないカラー用紙をあらかじめ「写真」に保存しておこう。テンプレートとして利用できる。

「イメージ」から写真を追加できる。また「読み込む」からPDFを追加することもできる。

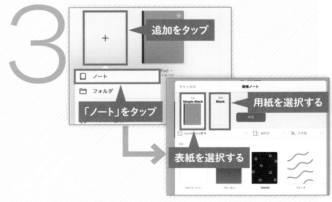

書類画面での新規ノート作成時に標準で利用する用紙を設定することもできる。また、表紙カバーもテンプレートから選択して利用できる。

PART 6
テンプレートは
どちらが豊富か!?

**圧倒的に種類が
豊富なNoteshelf!**

標準で用意されているテンプレートの量を比較するのであれば、Noteshelfの方が圧倒的に豊富だ。たとえば、GoodNotes 5のノートのテンプレート数は22種類だが、Noteshelfは40種類以上用意されている。さらに、Noteshelfには「無料ダウンロード」というページが用意されており、そこから膨大な種類のテ

Noteshelfの
テンプレートは?

**無料で利用できる
テンプレートが圧倒的に豊富**

Noteshelfでテンプレート用紙を追加するには、ノート画面左上にある追加ボタンから「テンプレートから新規ページ」を選択しよう。GoodNotes 5よりも標準で利用できるテンプレートの数がはるかに多く、40種類以上から選択できる。各用紙は縦置き、横置きの設定をすることもできる。テンプレートメニュー下にある「無料ダウンロード」をタップすれば、さらに多彩なテンプレートが無料でダウンロードできる。

また、書類画面の新規ノートブック追加画面でも、標準で使用する用紙テンプレートを選択したり、表紙デザインのテンプレートを選択することができる。

1

追加ボタンをタップ

「テンプレートから新規ページ」をタップ

ノート画面で左上にある追加ボタンをタップし、「テンプレートから新規ページ」を選択する。

2

利用するテンプレートを選択する

「無料ダウンロード」をタップ

テンプレート選択画面が表示される。左でカテゴリを選択し、右でテンプレートを選択しよう。「無料ダウンロード」をタップすると、さらにさまざまなテンプレートが入手できる。

VS Noteshelf

3

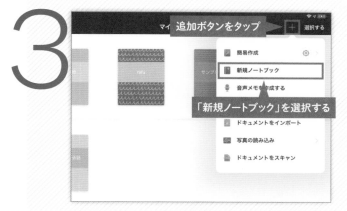

追加ボタンをタップ

「新規ノートブック」を選択する

新規ノートブック作成時にも用紙や表紙のテンプレートを設定できる。ノートブック一覧ページで追加ボタンをタップし、「新規ノートブック」をタップする。

4

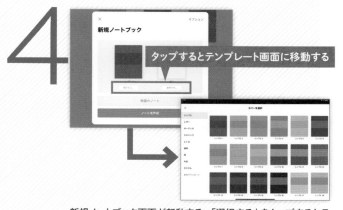

タップするとテンプレート画面に移動する

新規ノートブック画面が起動する。「選択する」をタップするとテンプレート画面が表示されるので、利用するテンプレートを選択しよう。

ンプレートをダウンロードすることが可能だ。

ただし、GoodNotes 5は写真やPDFをインポートしてテンプレートとして利用できるなどカスタマイズ性が高い(Noteshelfでも同様のことはできるが、操作は数ステップ必要になる)。ネット上でも多数配布されている。オリジナルのテンプレートを使いたいのであれば、GoodNotes 5でも問題ないだろう。

評価

GoodNotes 5	★★★★	4.0
Noteshelf	★★★★★	5.0

GoodNote 5のそのほかの
特徴的な機能は？

**タブを使ってノートブックを
素早く切り替える**

　Noteshelfにはない GoodNotes 5の最大のメリットはタブ機能だ。複数のノートブックをタブで開いておいて、素早く切り替えることができる。書類画面に戻る必要がないので、毎日、複数のノートブックを開く人にとっては作業効率が抜群に上がる。ノートブック内のメモを比較するときにもタブは役立つだろう。

　標準ではスクロール方法は横になっているが、詳細設定から縦向きに変更できる。縦向きに変更することで、縦長のウェブページをPDF形式に取り込んだときでもブラウザ感覚で閲覧したり、ページをまたぐように注釈を入れることができる。

1

タブをタップしてノートブックを切り替える

GoodNotes 5でノートブックを開くと、タブバーでタブが表示される。ノートブックを起動するたびにタブが追加される。タブをタップしてノートブックを切り替えよう。

2

「×」をタップして削除する

左右にドラッグする

タブを削除したいときはタブの左にある「×」をタップしよう。タブを左右にドラッグすればタブの位置を変更できる。

3

タップ

「スクロールの方向」をタップ

「縦方向」にチェックを入れる

スクロール方向を縦向きにしたい場合は、右上の「…」をタップして「スクロールの方向」をタップ。「縦方向」にチェックを入れ直そう。

4

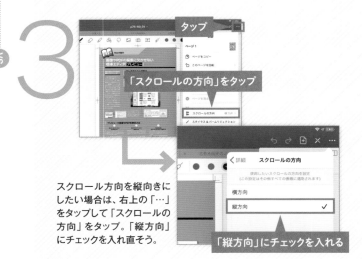

上下にドラッグして縦にスクロール

縦方向にスクロールできるようになる。分割して保存したウェブページを閲覧したり、ページをまたがるようにして注釈を入力したいときに便利だ。

PART 7
結局ノートアプリ
どっちがおすすめ!?

**多くの部門で
Noteshelfが勝利!
書き心地は設定を確認しよう**

　GoodNotes 5とNoteshelfの機能を比べた結果、かなり差をつけてNoteshelfが優勢となった。ただGoodNotes 5の愛用者には「Noteshelfは書き心地がイマイチなんだけど……」という人もいるだろう。書き心地に関して不満がある人はNoteshelfの「スタイラス」設定で、

Noteshelfのそのほかの特徴的な機能は？

録音機能を使って会議や議事録を録音しよう

　Noteshelfは録音機能を搭載しており、周囲の環境を録音しながらノートを作成できる。議事録や会議内容を録音しつつノートを取りたいときに便利だ。録音した内容はノート右上に追加される録音ボタンをタップして再生できる。録音した音源は、2倍速や0.7倍速など再生スピードを調整することもできる。ノート上に追加された録音ボタンはドラッグして自由にノート内のほかの場所に移動できるほか、外部アプリにエクスポートすることもできる。

　また、ツールバーの追加画面の「オーディオ」から過去に録音した音声ファイルを一覧表示できる。

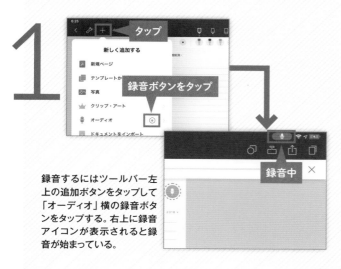

1 録音するにはツールバー左上の追加ボタンをタップして「オーディオ」横の録音ボタンをタップする。右上に録音アイコンが表示されると録音が始まっている。

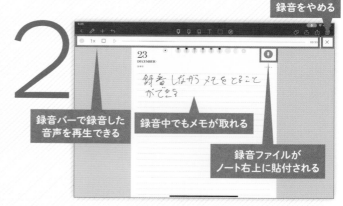

2 ツールバー下に録音バーが表示され、録音時間を確認でき、録音しながら手書きのメモを取ることができる。録音を中止するには右上の「×」をタップしよう。

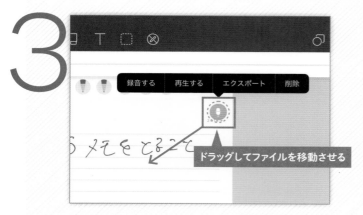

3 音声ファイルをタップするとメニューが表示される。長押してドラッグすれば音声ファイルの貼り付け場所を移動できる。

POINT

タブはないがスワイプでカテゴリを表示できる

Noteshelfには複数のノートブックをタブで開いて切り替える機能はないため、ノートブックを切り替えるにはいったん書棚に戻る必要がある。しかし、ノート画面で左端から右へスワイプするとカテゴリや最近使ったノートブックが表示され、素早くほかのノートブックに切り替えられる。

標準ではオフになっている筆圧感知を確認してみてほしい。有効にすると筆圧でペンの太さや筆致が変化するので劇的に書き心地が変化するので試してみて欲しい。

総合評価

GoodNotes 5	25.5/30
Noteshelf	27.5/30

編集者 farim ×

手書きノート

GoodNotes 5
グッドノーツ5

文／編集部
撮影／Fumihiko Suzuki（snap!）

私の GoodNotes 5の 使い方。

「iPad仕事術!」では、ほぼ毎回といっていいくらい「手書きノート」にスポットを当てているが、「どのように手書きノートを使えばいいのか?」「なにを書けばいいのか」を深く追求してはいなかった。そこで今号では、旅行雑誌の編集者として手書きノートを使いこなしているファリンさんにご登場いただき、雑誌の誌面を作る際の「ラフ」の書き方、活用法を存分に語っていただいた。編集やライター、デザイン関連の人には特に役立つ記事ではあるが、「手書きの良さ」の本質的な部分を言及してもらっていると思うので、他業種の方にも役に立つ記事になっていると思う。

PROFILE

ファリン（farim）
東京在住の旅行雑誌の編集者。メインである旅行ガイドブックの編集以外にも海外のパンフレット、海外のアクティビティPR冊子などを幅広く手掛けている。今後はWeb、YouTubeにも領域を広げていきたいと画策中。
Instagram=faaaarim
Twitter=@farim107

iPadでやる作業のほとんどを GoodNotesに頼ってます！

アイディアを考えるために やっていること

●ファリンさんには、今日はじっくりとGoodNotes 5（以下GoodNotesと表記）でのラフの書き方について聞きたいと思っているのですが、ひとまずラフの話の前に、完全に形になっていない本作りに関する曖昧なアイディアなどをどのようにまとめているのかを聞いておきたいのです。なにか、そういう場合のやり方は確立していますか？

普段からやっていることもありますね。電子書籍の雑誌（dマガジン）を見ていて

「あっ、このページいいな！」と思ったときはスクリーンショットを撮ってどんどんGoodNotesに貼っています。ページの見せ方とか構造の参考にします。ファッション誌はすごく参考になりますね。それ以外にもコーディネートアプリ（WEARなど）の気に入ったスナップは、GoodNotesで切り抜いて貼ったりもしてます。これは仕事とはほぼ関係ないですけど（笑）。

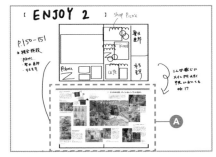

旅行雑誌の気になった見せ方のスクリーンショットを撮り、自分でラフを書くときの参考にしている。

Ⓐ スクリーンショット

気に入ったファッションスナップを貼っている。この切り抜き処理もGoodNotesで行っている。

(いろいろ書き込みながら考える)

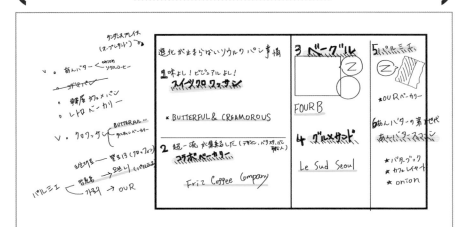

文字や画像スペースをサムネールに配置しながらページ構成を考えていく。テキストエディタに文字を入力して考えるよりも圧倒的にページのイメージがしやすいはずだ。

本を作る際の台割前の段階でも、サムネールの台紙にいろいろ書き込んで考えることも多いですね。なんとなく枠を書いていきながら、「ここはクロワッサンなのかベーグルなのか……」とか。

撮影前に必要な写真素材をノートに書いていって考えることもあります。方眼のノートに撮りたい画像を貼ったり、参考になる誌面の上に書き込んでいったり。

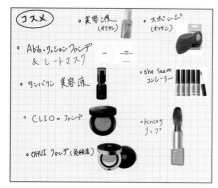

必要な素材のメモ。文字だけでもなく画像だけでもなく、両者がノートに書かれていることによってイメージがわきやすい。

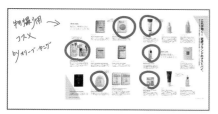

他誌のスクリーンショットの上にメモを書き込んでおく。他誌がラフ代わりになって構想を練りやすくなる。

●これは斬新！ なるほど他誌に書き込みながら、必要な写真を考える……そんなやり方もあるんですね！

ラフはこんな感じで書いてます！

●では、ラフをどのように書いているかを見せてもらっていいでしょうか？

わかりました。台紙としてサムネールのタイプと、本番ラフ用の2種類があるんですが、まずはサムネールの方の台紙を選んで、何ページ分かを書きます。図形ツールをたくさん使うんですけど、四角は図形ツールで書くより、既に書いた四角をコピペして使う方が速いです。

●なるほど、多用するパーツはコピペの方が確かに速そうですね。それにしても見や

サムネールはこんな感じで書いている

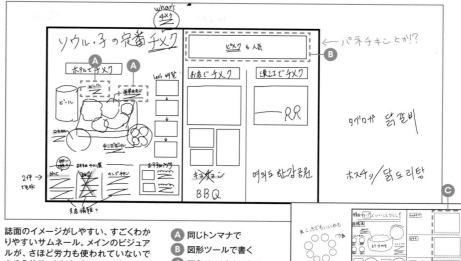

誌面のイメージがしやすい、すごくわかりやすいサムネール。メインのビジュアルが、さほど労力も使われていないであろうサラッとしたイラストで表現されているあたりに経験の豊富さが見える。

A 同じトンマナで
B 図形ツールで書く
C 四角はコピペで書く

すいですね。

GoodNotesは、投げ縄ツールで選択する際にパーツを全部囲まなくても、Apple Pencilでかすってれば選択できるので作業が速いですね。で、サムネールを書き終えて誌面の流れが見えたら、次に細かいラフを書くんですが、場合によっては、このままのサムネールを本番ラフとして使うときもあります。誌面が細かすぎないものはこのままでもいけちゃいますね。

●そうですよね。このサムネールで充分わ

かりますよ！

本番ラフの方は、こんな感じですね。マーカーの色でトンマナ（トーン＆マナー＝デザイン上で一貫性を持たせるための体裁の統一のこと）を表しています。旅行系の大判の雑誌はこれぐらい書き込みますね。このあとに文字量などを書き込みます。

●圧巻のラフですね～！ やっぱり旅行雑誌のせいかパーツが多いですね。風景の写真に洋服や小物の写真、マップもありますし……

わかりやすい本番のラフ

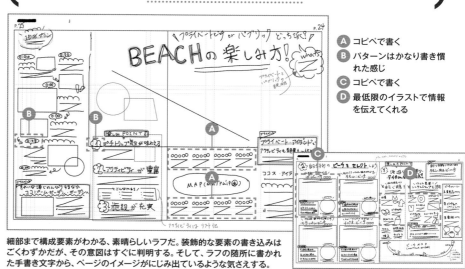

A コピペで書く
B パターンはかなり書き慣れた感じ
C コピペで書く
D 最低限のイラストで情報を伝えてくれる

細部まで構成要素がわかる、素晴らしいラフだ。装飾的な要素の書き込みはごくわずかだが、その意図はすぐに判明する。そして、ラフの随所に書かれた手書き文字から、ページのイメージがにじみ出ているような気さえする。

そうなんです。前はこれとまったく同じものを原寸の紙で書いていたので本当に大変でした。こういうイメージを伝えるためのラフはIllustratorで描いたとしてもすごく時間がかかっちゃうんですけど、GoodNotesを使えば相当に速くできます。あと、上司などから修正の指示が多いと、紙のときはゼロから書き直した方が速

かったりしたんですけど、GoodNotesのラフなら修正も本当に楽なんです。

PDFに赤字を入れるのもGoodNotesで!

●で、そのラフで上がったデザインがこれですか!かなりラフに忠実ですね。

紙のラフには絶対に戻れないです!

(上がってきたデザインに赤字を)

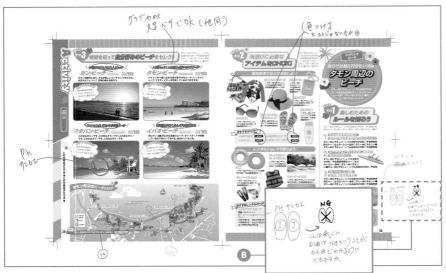

かなりラフに忠実に作成されつつ、いろいろな工夫もあるデザイン。このPDFに対する赤字もGoodNotesで入れている。

Ⓐ 細かい部分なので、普通はそのままでOKにしそうな箇所だが、ファリンさんは修正を入れている。

Ⓑ 細かい部分にもイラストの状態で修正を入れられるのはiPadの強みといえるかも。

そうですね。ここに赤字を入れる作業もGoodNotesでやります。

●あっ、「PDF Expert」などのPDF注釈アプリは使わないんですか?

GoodNotesだけでやってますね(笑)。そしてPDFには上下に余白がないことが多いので、赤字を書き込むスペースを作るために「PDF余白調整」という単機能アプリを使います。

●なるほど!この問題は自分もよく直面するのですごくわかります。いいアプリですね。

「GoodNotesのノートにPDFを貼り付ければいいんじゃないの?」と知人に言われて試したりもしましたけど、ちょっと動作が重くなる印象があって……この余白調整の方が軽く動くのでいいですね。余白ができたら修正を赤字で書き込んでいきます。書いている要素は紙の場合とまったく同じです。

赤字との付け合せは面倒がらずにマーカーでひとつひとつチェックする

で、修正が上がってきたら赤字との付け合せをやるんですけど、直っている箇所はマーカーで消していきます。

●全部の直しがマーカーで消えるまで直す、ということですね。これなら確かに校正ミスが減りそう!

この「マーカーでチェック」という作業が重要だと思うんです。そんなに大切と思われていないかもしれない作業ですが、やっぱりこれをやらないと見落とすんですよ。この作業はSplit Viewでやるときもあります。このときは12.9インチのiPad Proが欲しくなりますね（笑）。

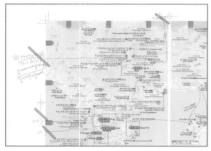

根気のいる地味な作業だけにひとつひとつ直った箇所をチェックして着実に進めていくことが重要だ。

ノートの管理方法は
この方法にたどり着いた

● ノートの管理はどのようにやっているんですか？

　日常的に使うノートは表紙をつけてそれとわかるようにして、それ以外の作業フォルダは私の場合は国別にフォルダを分けています。直近の作業フォルダには★印をつけています。フォルダ名に番号を入れて並び順も固定していますね。Good Notesは「日付」「名前」で並び順を変えられるんですけど、ここの項目をもう少し多くしてくれたらもっと柔軟に並び順をカ

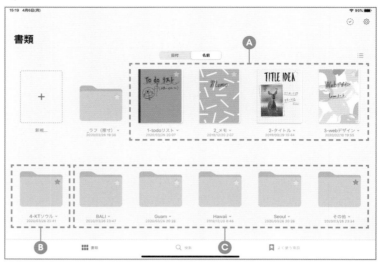

表紙の有無、番号、★印などで並び順が固定されたノート管理画面。

Ⓐ 日常的に使用するノートは表紙をつけている。ノート名に番号を振って並び順を固定。

Ⓑ 直近の作業フォルダには★マークを

Ⓒ 直近以外のフォルダは国別で管理

スタマイズできるのになあ……とは思いますね（笑）。

● う～ん、凄い。Evernoteでのノートブックの並びを番号で管理している人はいましたがGoodNotesでもそれが有効なんですね。これはいろいろな職種の人でも真似できるテクニックですね。

ラフ以外のノートはこんな感じ

● 日常的なノートはどのようなものか見

せてもらってもいいですか？

　はい。「ToDoリスト」はGoodNotesのテンプレートにあるものをそのまま使っています。だいたい一週間の予定を1ページぐらいにまとめて書いてます。「Webデザイン勉強ノート」は、今Webの勉強をしているので、勉強したことを書いています。昔ながらの「書いて覚える」という感じです。「タイトルノート」はひらめいたキャッチコピーや参考になるフレーズをストックしてます。

●素晴らしいですね〜！　編集者の鑑だ。GoodNotes以外の手書きノートはまったく使っていないんですか？

「Noteshelf」は今、試しに使ってみてます。Noteshelfの方が良かったら乗り換えてもいいと思っているんですが、ノートの管理方法などかなり違いがあるのでどうなるかわからないですね。「コンセプト」も使ってみたいと思っています。誌面に載せるマップを、コンセプトか「ProCreate」を使いこなせるようになったら自分で作れるんじゃないか、と思っていて（笑）。

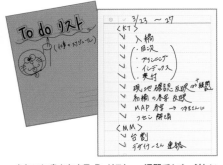

試しに使ってみているというNoteshelf。GoodNotesで使っていない分野のノートを書いてみて試用中とのこと。

ToDoリスト

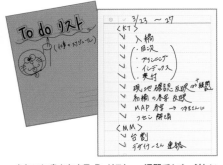

きれいに書かれたToDoリスト。一週間で1ページというまとめ方がちょうどいいのかもしれない。

Web勉強ノート

Webデザイン勉強ノート。これぐらいわかりやすく書いておけば、あとで見ても思い出しやすい。

タイトル・アイデアノート

タイトルノート。このノートに限った話ではないが、手書きの文字がフォントのような表現力がある。

平岡雄太「DRESS CODE」チャンネル

この企画を行うきっかけになったのは、平岡雄太さん（iPad仕事術！2018に登場）のYouTubeチャンネル「DRESS CODE」にファリンさんがゲストとして登場したことであった。登場動画「雑誌編集者のiPad活用術」（前編・後編）はもちろん必見だが、そのほかにもiPadユーザーにはすごく役立つ動画が多いので、ぜひチャンネル登録をして見ていただくのがおすすめだ。

出張に出るときも
iPadとフォリオでOK!

　MacBook Proの13インチモデルも所有しているファリンさんだが、仕事のかなりの部分をiPadで行っているだけに撮影で出張の際もあまりMacBookは持たず、iPad Proとスマートキーボードフォリオだけで済ませることが多いという。

　また、取材の合間にも「仕事が大好きなんで！」という言葉が出るほどにファリンさんは仕事に対して意欲的だった。長期に渡って紙の媒体で学んだ「情報の重要な部分、ポイントの見せ方」はメディアがたとえWebになっても、YouTubeになっても変わらないはず……という信念のもと、今後は雑誌編集のみにとらわれず仕事の幅を広げていきたいとのこと。

広大なキャンバスに自在に手書きできる
「コンセプト」を使いこなす!

コンセプト

本格的なスケッチ、イラスト制作も十分可能な機能を、個性的なホイールインターフェイスに集約したコンセプト。無限にスクロールできるキャンバスいっぱいに手描きしよう。

名前:コンセプト
作者:TopHatch, Inc.
価格:無料(App内課金あり)
カテゴリ:仕事効率化

文●小原裕太

コンセプトの ポイント

1 無限にスクロール、回転もできるキャンバス

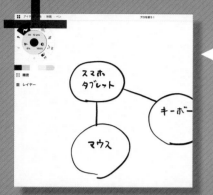

コンセプトの最大の特徴が、無限にスクロールできる広大なキャンバスだ。描画はベクター形式なので、拡大しても曲線や斜線のギザギザのない、滑らかな線になる。

2 あらゆる機能が集約されたツールホイール

シンプルなユーザーインターフェイスながら、本格的な機能を備えるコンセプト。それが集約されているのが、直感的に操作できるツールホイールだ。

3 レイヤーを使った高度なスケッチが可能

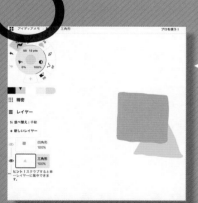

プロ向けアプリでおなじみのレイヤー機能も搭載。図形の重なり順を自由に変えたり、塗りのパターンを試行錯誤したりする際に活用したい。

4 制作物の管理機能も充実

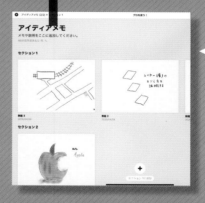

コンセプトで制作したイラスト（デッサン）は、「プロジェクト」と呼ばれる入れ物で分類、管理できる。プロジェクト内のデッサンをさらに細分することも可能。

コンセプトの 機能

ドローイング、無限大キャンバス、ツールホイール、カラーホイール、ベクター形式、レイヤー、定規、スケール、計測ツール

無限キャンバスで使える多機能ノート！

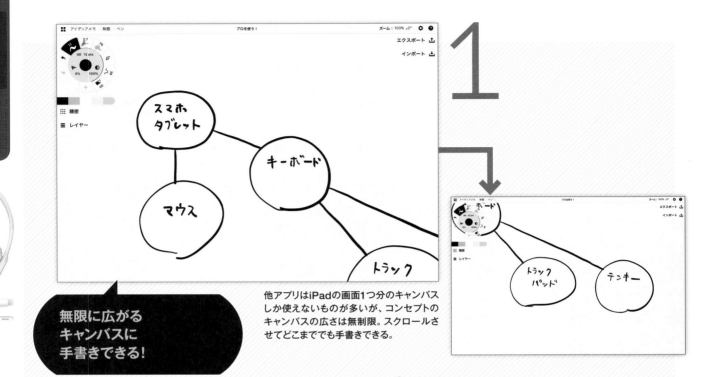

無限に広がるキャンバスに手書きできる！

他アプリはiPadの画面1つ分のキャンバスしか使えないものが多いが、コンセプトのキャンバスの広さは無制限。スクロールさせてどこまででも手書きできる。

シンプルなインターフェイスながら多彩なブラシが使える上、プロ向けアプリに備わるレイヤーも利用できる。本格的な絵画、イラストを描くのにも最適だ。

本格的な絵作りができる高度なスケッチ機能

アプリ内課金で全機能が使える

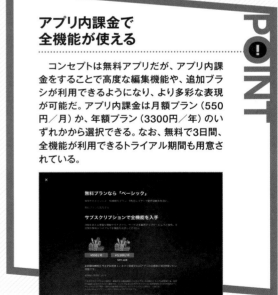

コンセプトは無料アプリだが、アプリ内課金をすることで高度な編集機能や、追加ブラシが利用できるようになり、より多彩な表現が可能だ。アプリ内課金は月額プラン（550円／月）か、年額プラン（3300円／年）のいずれかから選択できる。なお、無料で3日間、全機能が利用できるトライアル期間も用意されている。

POINT

本格的なスケッチが可能な新感覚アプリ

　iPad、そしてApple Pencilなどのスタイラスペンの組み合わせで使えるスケッチアプリ、手書きメモアプリは多数あるが、その中でもひときわ個性的な新感覚アプリが存在している。その名も「コンセプト」だ。コンセプトの最も斬新な点は、手描きするキャンバスの広さが無制限であることだ。これによって、アイディアを細切れに積み上げていくことで1つの形にしていくマインドマップを際限なく広げていくこともできれば、キャンバスいっぱいに展開する巨大なイラストを描くことも可能。

もちろん、そうしたニーズに応えうる、多彩なブラシ、本格的な編集機能が備わっていることも、コンセプトの大きな魅力だ。

　なお、編集機能はアプリ内課金をすることで利用できる。

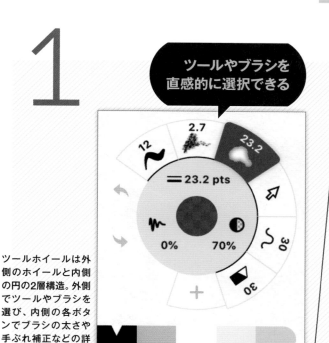

他アプリとは違った
上質で優れたインターフェイス

1

ツールやブラシを直感的に選択できる

2.7

12

23.2

≡ 23.2 pts

0% 70%

30

30

ツールホイールは外側のホイールと内側の円の2層構造。外側でツールやブラシを選び、内側の各ボタンでブラシの太さや手ぶれ補正などの詳細設定ができる。

2

中央のボタンをタップ

コピックカラーパレットが表示される

プロ向けのカラーパレットが利用できる

ツールホイール中央のボタンをタップすると、コピックカラーパレットが展開され、好きな色を選択できる。「コピック」は世界的なマーカーブランドの名前だ。

3

①タップして押さえたままにする

②これが表示されるまで待つ

ツールホイールの外側のホイールのいずれかをタップし、画面中央に図のように表示されるまで待つ。

ツールホイールを移動する

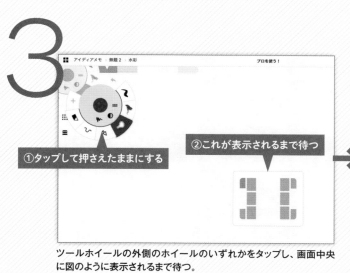

そのまま画面四隅のいずれかにドラッグすると、ツールホイールが移動する。画面左右端にドラッグすると、ツールバーの形状に変化し、その位置にスナップされる。

**ツールホイールから
さまざまな機能を呼び出す**

　コンセプトのメイン画面で一際目を引くのが、画面隅に表示されるホイール型のインターフェイスだろう。これは「ツールホイール」と呼ばれるもので、ホイール外側の各ボタンをタップすることでブラシや消しゴムといったツールに切り替えることができる。この外側のホイールは、ドラッグして回転できるので、よく使うツールを使いやすい位置にしておくといいだろう。内側のホイールでは、選択中のツールの詳細設定を行うためのものになっている。

　ツールホイールはドラッグして画面四隅のいずれかに移動することもできる。さらに、画面左右端にドラッグすることでホイール型の形状からツールバー型に変化し、その位置にスナップされるようになっている。

基本的な使い方を
マスターしよう

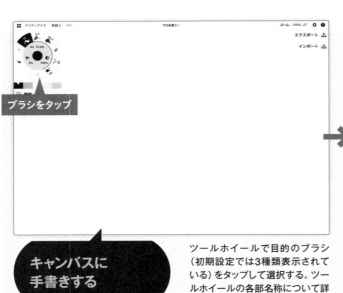

ブラシをタップ

**キャンバスに
手書きする**

ツールホイールで目的のブラシ（初期設定では3種類表示されている）をタップして選択する。ツールホイールの各部名称について詳しくは、P.43参照。

1

キャンバス上をなぞって書く

指やスタイラスペンを使って、キャンバス上をなぞると、その軌跡がそのまま描画される。Apple Pencilならペンの傾きや筆圧によって線の太さや色の濃さが変化する。

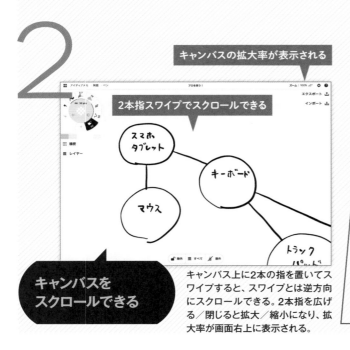

2

キャンバスの拡大率が表示される

2本指スワイプでスクロールできる

**キャンバスを
スクロールできる**

キャンバス上に2本の指を置いてスワイプすると、スワイプとは逆方向にスクロールできる。2本指を広げる／閉じると拡大／縮小になり、拡大率が画面右上に表示される。

本物のキャンバスのように、回転させながら書くこともコンセプトなら可能。回転するにはキャンバス上に置いた2本指のいずれか1本を上下に動かす。

回転角度が表示される

2本指のうち1本を上下に動かし回転できる

**キャンバスを
回転できる**

3

**ブラシを選択して
描き始めよう**

いよいよコンセプトに用意された広大なキャンバスに手書きしてみよう。始め方は簡単で、最初にツールホイールで目的のブラシをタップして選択し、そのままキャンバス上をスタイラスペンや指でなぞれば、その軌跡どおりに描画される。ブラシの色を変更したい場合はツールホイール下のカラーミキサーから目的の色をタップするか、コピックカラーパレットから選ぶ。ツールホイール内側の円の各ボタンから、ブラシの太さなどを変更することも可能だ。

大きな絵を描くときなどは、キャンバスをスクロールしながら作業しよう。スクロールするには、2本指でキャンバス上をスワイプすればいい。コンセプトではジェスチャ操作でキャンバスを回転させることもできる。

独自のホイールを
使いこなそう

1

ツールホイールの各部名称を覚えよう

① **ダイナミックペン**
② **鉛筆**
③ **水彩**
④ **セレクション**
描画したオブジェクトを選択できる。
⑤ **ナッジ**
線を変形させることができる。
⑥ **スライス**
描画したオブジェクトや線を消すことができる。
⑦ **やり直す**
⑧ **元に戻す**
⑨ **ブラシの太さ**
⑩ **手ぶれ補正**
値を上げるほど描画する線が直線的になる。
⑪ **不透明度**
塗りの不透明度を調整する。
⑫ **カラーミキサー**
描画色をタップして切り替える。ドラッグして表示されるカラーを切り替えられる。

精密

レイヤー

2

ダブルタップする

「+」をタップしても同様

ツールホイールにブラシを追加する

ツールホイールの外側のホイールにあるいずれかのボタンをダブルタップするか、「+」ボタンをタップする。

目的のブラシをタップ

マイブラシの画面が表示されるので、「基本」にあるブラシから目的のものをタップすると、ツールホイールの外側のホイールにそのボタンが追加される。

**コンセプトの機能が
集約されたツールホイール**

コンセプトの機能が集約されているのが、アプリの象徴的なインターフェイスであるツールホイールだ。まずはこのツールホイールに表示されている各ボタンの名称とその機能についてマスターすることが、コンセプトを使いこなす早道になる。

ツールホイールの初期設定では、描画用のツールとして「ダイナミックペン」「鉛筆」「水彩」という3つのブラシが表示されているが、他のブラシをツールホイールに追加して利用することもできる。追加するにはツールホイール外側のホイールのいずれかのボタンをダブルタップすると表示される画面で目的のブラシをタップすればいい。同様の操作で、編集ツールも追加できるが、編集機能の多くはアプリ内課金をすることで利用できるようになる。

ガイド機能、グリッド機能を使ってみよう

1 グリッドを表示する

「精密」をタップ

「グリッド」をタップ

グリッドが表示される

ツールホイール下の「精密」をタップするとメニューが表示されるので、「グリッド」をタップすると、キャンバスの背景にグリッドが表示される。再度「グリッド」をタップすれば非表示に。

2 グリッドタイプを変える

「精密」メニューの「グリッド」の右側の「16／64」をタップすると表示される画面で、別のグリッドタイプに切り替えることができる。

3 ブラシをタップ

「計測」をタップ

「精密」メニューの中にある、「計測」をタップしてオンにし、ツールホイールで描画に使うブラシを選択する。

線の長さを確認しながら書く

401.9 pts

線の長さが表示される

そのままキャンバス上に線を書くと、その線の長さがリアルタイムで表示される。正確な長さで線を描画したいときに利用すると便利な機能だ。

きめ細かい製図の用途にも対応できる!

コンセプトの初期設定では、キャンバスの背景は白紙だが、市販のノートのようなマス目（グリッド）を表示させることもできる。グリッドを表示してお

けば、その線に沿って正確な手書きができるので、製図などの精密さが求められる用途にも対応可能だ。

コンセプトでは4種類のグリッドが用意されており、初期設定では「16／64」というグリッ

ドタイプになっている。より詳細なグリッドにしたい場合は「10／100」を、3D製図をするのであれば「等尺」を、線画などを描く場合は「ドット」のグリッドタイプを選ぶといいだろう。

なお、コンセプトでは他のアプリのように、グリッドに描画した線や図形はスナップ（自動吸着）されない。あくまで描画位置やサイズの目安としてグリッドを利用しよう。

ノートの管理はこのように行う

1

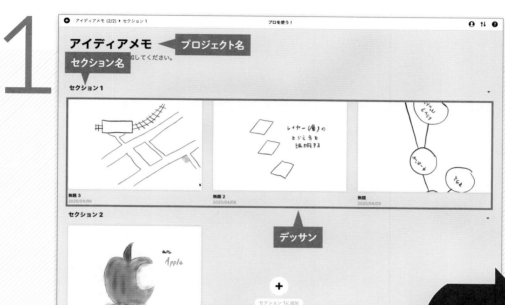

プロジェクト名
セクション名

アイディアメモ

セクション1

無題3　2020/04/09
無題2　2020/04/09
無題　2020/04/09

セクション2

Apple

デッサン

セクション1に追加

プロジェクトの画面では、そこに含まれるデッサン、デッサンを区分けするセクションが一覧できる。最上部にプロジェクトの名前、続けてセクション名が表示されている。それぞれの名前は、長押しすると表示されるメニューからいつでも変更可能で、画面下中央の「+」をタップすると新しい白紙のデッサンを作成できる。

> プロジェクト、セクション、デッサンの意味を覚える

コンセプト

2

> プロジェクト、セクションを作成する

「+」をタップ

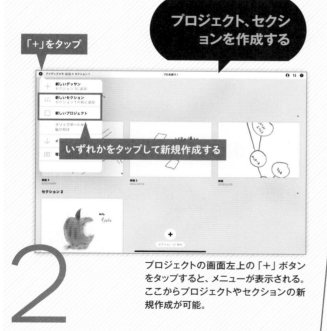

新しいデッサン
セクションに追加

新しいセクション
セクション1の前に追加

新しいプロジェクト

クリップボードから
貼り付け

いずれかをタップして新規作成する

無題3
セクション2
Apple

セクション1に追加

プロジェクトの画面左上の「+」ボタンをタップすると、メニューが表示される。ここからプロジェクトやセクションの新規作成が可能。

3

デッサンを削除するには、長押しすると表示されるメニューから「削除」をタップする。セクションを削除する場合はセクション名を長押しする。

> デッサンを削除する

アイディアメモ
メモや説明をここに追加してください。

セクション1

デッサンを長押しする

無題3

セクション2

名前を変更
複製
削除

Apple

「削除」をタップ

プロジェクト、セクション、デッサンで管理する

　コンセプトでは、1つのキャンバスに描いたイラストやメモのことを「デッサン」と呼ぶ。これらのデッサンの内容や用途によって分類するための入れ物、フォルダのような役割を果たすのが、「プロジェクト」だ。プロジェクトは、コンセプトを初めて起動した直後に表示される画面で、そこに含まれるデッサンを一覧できる。この画面は、デッサンを編集中に画面左上のボタンをタップしても表示できる。

　プロジェクト内のデッサンを、さらに分類するには、プロジェクトの中に「セクション」を作る。セクションは文字どおり「区分け」するためのもので、デッサンを作成した日付ごと、内容ごとに区分け、並べ替えするのに役立つ。

コンセプトのデータは「ベクター形式」

1

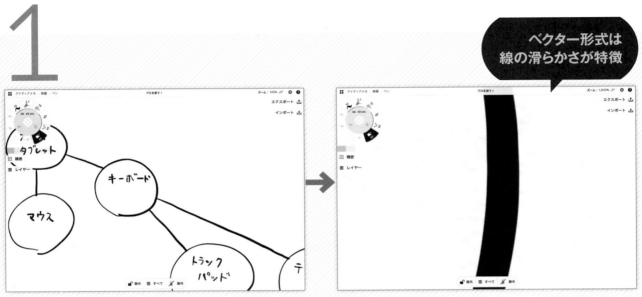

> ベクター形式は
> 線の滑らかさが特徴

ベクター形式は、写真などのラスター形式で描画された画像と違い、曲線や斜線の描画が滑らかでギザギザが目立たないため、イラストや絵画、ロゴなどの制作に向いている。これは点の集合で描画するのではなく、高度な演算によって線を描画しているためだ。

2

> 「ナッジ」をタップ

> ドラッグする

> 線を変形させる

> 線が変形する

ツールホイールの「ナッジ」をタップしてナッジツールに切り替え、変形させたい線の上でドラッグする。

ドラッグした方向に線が変形する。ドラッグした部分以外も、追随してリニアに変形するのが、ベクター形式で描画された線の特徴だ。

**滑らかな線を
描くことができるのは
ベクターならでは**

コンセプトでは、線や図形は「ベクター」と呼ばれる描画形式で描かれる。写真などの表示に使われるラスター形式は、画面を構成する点（ドット）の集合で描画する形式のため、拡大すると特に曲線部分や斜線部分にドットに由来するギザギザが目立ってしまうが、ベクター形式ではすべての線が高度な演算によって描かれるため、拡大しても曲線や斜線は滑らかになる。

また、ベクター形式は線を描画する自由度が高い点も特徴だ。同様の形式で描画できるアプリの代表格が、プロ向けのドローツール「Adobe Illustrator」で、その代名詞である「ベジェ曲線」と同様の滑らかで自由度の高い線を、コンセプトでも描くことができる。

レイヤーの自動整理が超便利!

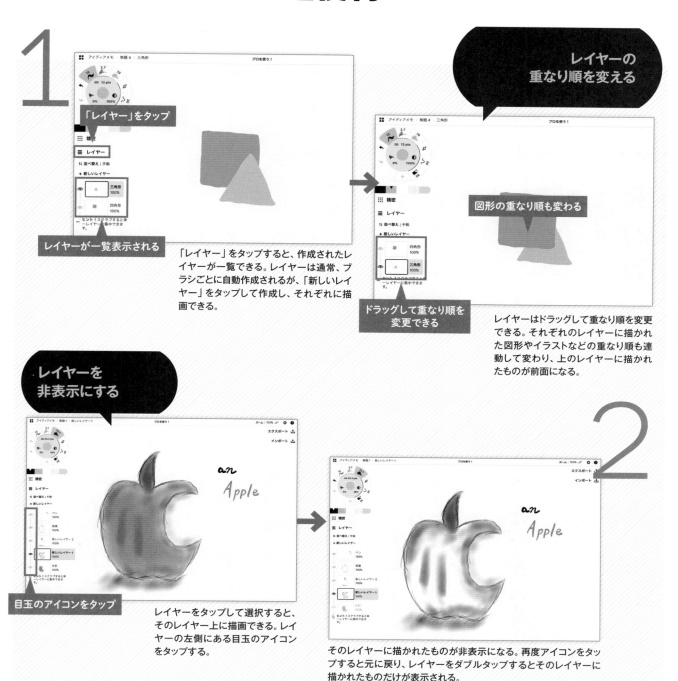

1

「レイヤー」をタップ

レイヤーが一覧表示される

「レイヤー」をタップすると、作成されたレイヤーが一覧できる。レイヤーは通常、ブラシごとに自動作成されるが、「新しいレイヤー」をタップして作成し、それぞれに描画できる。

レイヤーの重なり順を変える

図形の重なり順も変わる

ドラッグして重なり順を変更できる

レイヤーはドラッグして重なり順を変更できる。それぞれのレイヤーに描かれた図形やイラストなどの重なり順も連動して変わり、上のレイヤーに描かれたものが前面になる。

● コンセプト

レイヤーを非表示にする

目玉のアイコンをタップ

レイヤーをタップして選択すると、そのレイヤー上に描画できる。レイヤーの左側にある目玉のアイコンをタップする。

2

そのレイヤーに描かれたものが非表示になる。再度アイコンをタップすると元に戻り、レイヤーをダブルタップするとそのレイヤーに描かれたものだけが表示される。

手描き表現の幅を広げ、効率化するレイヤー

コンセプトでは、プロ向けのフォトレタッチアプリやドローツールでもおなじみの「レイヤー」を利用できる。レイヤーはその名のとおり「層」で、キャンバスに重ねた透明なシートのようなものだと理解しておこう。このシートにはキャンバスと同様にブラシを使って描画でき、なおかつシートは複数重ねることができる。たとえば、絵の輪郭をキャンバスに描き、別のレイヤーに色を塗るというようにすれば、もしその色が気に入らなかったとしても、さらに別のレイヤーを追加して、新たな色を塗れば、作業が無駄にならない。気に入らない色を塗ったレイヤーは非表示にすればいいからだ。また、レイヤーは重なり順を入れ替えることもでき、複数の図形を別々のレイヤーに描いておけば、その前後の位置も連動して入れ替わる。

定規ツールを
上手く使うには？

1

メニューから
定規を選択する

「精密」をタップ

「定規」をタップ

「精密」をタップすると表示されるメニューから、「定規」をタップして
オンにする。図形定規の形状は、「円弧」をタップすると表示されるポ
ップアップから切り替えられる。

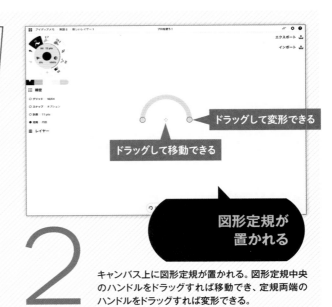

ドラッグして変形できる

ドラッグして移動できる

図形定規が
置かれる

2

キャンバス上に図形定規が置かれる。図形定規中央
のハンドルをドラッグすれば移動でき、定規両端の
ハンドルをドラッグすれば変形できる。

3

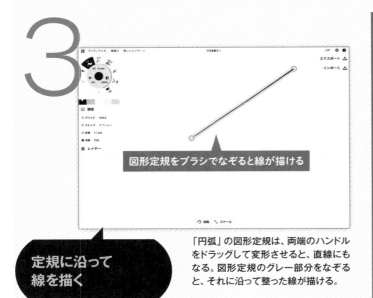

図形定規をブラシでなぞると線が描ける

定規に沿って
線を描く

「円弧」の図形定規は、両端のハンドル
をドラッグして変形させると、直線にも
なる。図形定規のグレー部分をなぞる
と、それに沿って整った線が描ける。

POINT

アイテムを使って
図形を描く

　直線や四角形、円といった図形は、「アイ
テム」を使って簡単に描くことができる。アイ
テムは画面右上の「インポート」をタップする
と一覧表示され、目的の図形をキャンバス上
にドラッグ＆ドロップするとキャンバスに配置
される。図形の輪郭色はそのとき選択中のブ
ラシの色と同じになる。ただし、アイテムから
作った図形は、ナッジツールによる変形はで
きない点に注意しよう。

「インポート」をタップ

アイテムをキャンバスにドラッグ＆ドロップする

**図形定規を使って
整った線を描く**

　フリーハンドの手描きは、デ
ッサンやメモの走り書きなどに
は向いているが、図形やデザイ
ン性の高いイラストを描くのに
は不向き。コンセプトでももち

ろん、フリーハンドだけでなく、
途中で曲がったりずれたりしな
い、整った線も描くことができ
るので、その方法を覚えておこ
う。
　直線を描くのであれば、ツー
ルホイールの「手ぶれ補正」の

値を「100％」にすればOKだ。
円弧や頂点のある線の組み合わ
せ、円を描くのであれば、図形
定規を使えばいい。「精密」メ
ニューで「定規」をタップすると、
キャンバス上に図形定規が表示
されるので、それをブラシを使

ってなぞるだけで、図形定規に
沿った整った線を描くことがで
きる。なお、「円弧」以外の図形
定規を使いたい場合は、アプリ
内課金が必要だ。

おすすめ
手書きアプリ
SELECTION!!!

Recommended Free-Hand App Selection!!!!

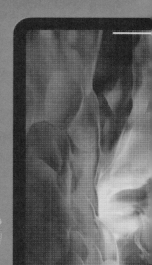

YouTubeの動画内容を手書きでメモしよう

スクラップノート

YouTube動画をスクラップ そのまま再生して 内容をメモもできる

YouTubeから流れる音声を手書きでメモする場合は、通常Split ViewやSilde OverでiPadの画面を分割し、片方の画面で動画を再生し、もう片方の画面でメモを取ることになる。しかし、これだとドローイングエリアが狭くなりメモが取りづらい。学習や情報収集などでYouTubeから頻繁にメモを取る人は「スク

ラップノート」を使おう。

スクラップノートはYouTube動画をスクラップできるノートアプリ。ノートアプリ上からYouTubeやVimeoなどの動画サイトに直接アクセス可能なブラウザ機能を搭載しており、気になる動画をノートに貼り付けることができる。ノートに貼り付けた動画はそのまま直接再生できるほか、全画面モードにして再生することもできる。また、Safariのブックマークレットを利用

して、今見ているページをすぐにスクラップすることもできる。

ノートアプリ機能も充実しており、マーカー、羽根ペン、蛍光ペンなどを使って手書きでメモできる。ノートに貼り付けた動画を再生しながら、幅広いエリアを使って内容をメモすることが可能だ。貼り付けた動画の大きさや位置も自由に変更できる。

また、スクラップノートではキーボードを使ってテキストを

入力することもできる。動画のタイトル、概要といった基本的な情報はテキスト入力しつつ、重要な部分だけドローイングでメモを入れるといった使い方がおすすめだ。

スクラップノート
作者／groosoft
価格／610円
カテゴリ／仕事効率化

スクラップノートの基本のメイン画面

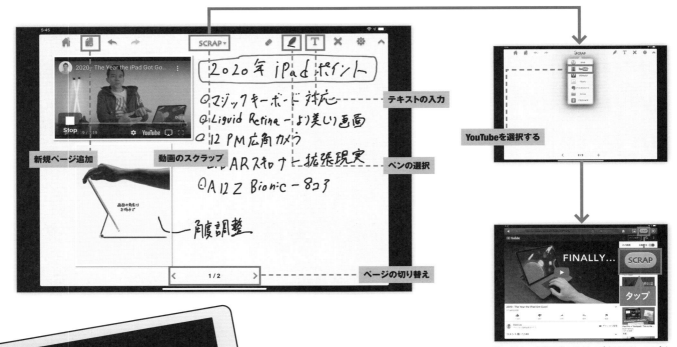

テキストの入力
YouTubeを選択する
新規ページ追加
動画のスクラップ
ペンの選択
ページの切り替え

YouTubeの動画をスクラップするには、アプリ上部にある「SCRAP」をタップして、メニューから「YouTube」を選択する。ブラウザが起動するので検索フォームからスクラップしたい動画を表示し、右上の「SCRAP」を選択しよう。

こんな 用途に 向いている!
● YouTubeで学習をする人
● iPadのマルチタスク機能が使いづらい人
● メモよりスクラップが好きな人

カテゴリー **YouTube 管理**

スクラップした動画を カスタマイズする

長押ししてメニューを表示する 1

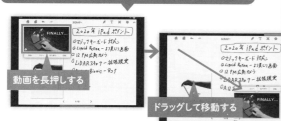

動画を長押しする

ドラッグして移動する

動画を長押しするとメニューが表示される。この状態で動画をドラッグすると位置を移動できる。

動画のサイズを変更する 2

FINALLY...

角をドラッグ

動画のサイズを変更したい場合は、長押ししてメニューを表示させたあと、動画の角をドラッグしよう。

動画の情報を編集する 3

0:06

Video
Date: 2020/03/22
URL: http://www.youtube.com/watch?v=TNGfw

タップ

タップ

左下の「i」をタップすると動画の情報画面が表示される。右上の編集ボタンをタップして動画にタイトルを追加できる。

ウェブページの内容を スクラップする

ウェブブラウザを起動する 1

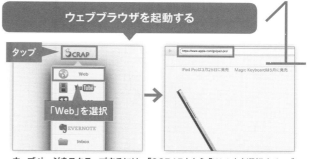

タップ

SCRAP
Web
YouTube
「Web」を選択
EVERNOTE
Inbox

iPad Proは3月25日に発売　Magic Keyboardは5月に発売

ウェブページをスクラップするには、「SCRAP」から「Web」を選択する。ブラウザが起動するのでアドレスバーにURLを入力しよう。

スクラップする範囲を指定する 2

タップ

範囲を指定する

ページ内の指定した部分をスクラップする場合は、切り抜きボタンをタップしてスクラップする範囲を指定しよう。

ノートのテーマを 変更する

標準では無地のノートだが、設定画面の「用紙を選ぶ」から用紙のテーマを変更することができる。方眼紙や罫線紙のほか動画や画像をスクラップするエリアのある用紙などスクラップノート独自のテーマが用意されている。

POINT

まとめ

YouTube動画で 勉強する人には 絶対おすすめ！

スクラップノートは手書き機能としてはほかのノートアプリよりも弱いが、YouTube動画をそのまま貼り付け再生できるのが最大の特徴だ。そのため、情報をコピー&ペーストできない動画や音声を再生しながら重要なところを手書きでサクッとメモしたいときに便利。日常的にYouTubeで情報収集したり勉強している人には必須のアプリだろう。なお、ページには複数の動画を貼り付けることもできるので、分割された動画は、サイズを自分で調節してサムネイル表示のように整理しよう。効率的に連続再生できるだろう。

このアプリの ポイント
- ●多機能で使いやすいノートアプリ
- ●手帳のように日付ベースでメモが取れる
- ●iPadのSplit View機能に対応

老舗のノートアプリMetaMojiが機能強化
MetaMoJi Note 2

手帳のように日付ベースで ノートを取ることが 可能になった

2012年の提供開始以来、老舗のノートアプリとして根強い人気を持つ「MetaMoJi」が、「MetaMoJi Note 2」としてバージョンアップ。これまで定評のあった「MetaMoJi Note」の使いやすさはそのままに、iPadOSの新機能に対応してさらに便利になった。

MetaMoJi Note 2は、まるで紙とペンを利用しているような感覚で書けることを追求したユーザーインタフェースが特徴。思いのままに文字や図を描くことができる。丸ペンや蛍光ペンで、直線や曲線、図形を手書きできれいに描くことができる。

また、録音しながらメモを取ることができる。タップすると録音場所の頭出しができるプレイリスト機能など高度な機能や、ページ上にペンの軌跡だけを表示するレーザーポインター などのユニークな機能も備えている。

Metamoji Noteとの違いの1つは「デイリーモード」が搭載されていること。デイリーモードで新規ノートを作成するとノート左上に日付が追加され、紙の手帳のように日付をベースにメモが取れるようになる。もちろん、これまで通り、日付のない自由ページに切り替えて使うこともできる。

また、Metamoji Note 2は、iPadのマルチタスク機能Split Viewにも対応し、画面を分割してSafariでニュースページを見ながらメモをとったり、他のアプリの資料を見ながらノートを編集したりすることが可能だ。

MetaMoJi Note 2
作者／MetaMoJi Corporation
価格／無料
カテゴリ／仕事効率化

MetaMoJi Note 2の基本のメイン画面

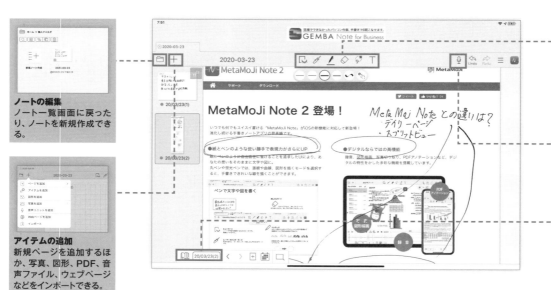

ノートの編集
ノート一覧画面に戻ったり、ノートを新規作成できる。

アイテムの追加
新規ページを追加するほか、写真、図形、PDF、音声ファイル、ウェブページなどをインポートできる。

描画ツール
ペン、レーザーポインター、消しゴム、投げ縄ツールなどの基本的な描画ツール

音声録音
音声を録音しながらメモを取ることができる。

モード変更
MetaMoJi Note 2ではモード変更バーが左下にある。ここからデイリーモードとこれまでの自由モードの変更ができる。

Split Viewで起動する

MetaMoJi Note 2はSplit Viewに対応して、ほかのアプリを使いながらメモを取ることができる。

こんな 用途に 向いている!
- ● 手帳式のノートを使いたい人
- ● プレゼンや議事録作成などビジネスシーン
- ● ほかのアプリと併用して使いたい人

録音機能を使って メモを取ろう

録音ボタンをタップする

1

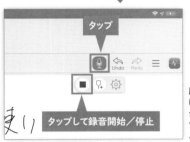

タップ

タップして録音開始／停止

周囲の音声を録音するには、右上のマイクボタンをタップし、録音ボタンをタップする。録音状態になるのでメモを取ろう。

頭出しを設定する

2

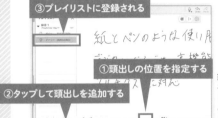

③プレイリストに登録される

①頭出しの位置を指定する

②タップして頭出しを追加する

録音した音源には頭出しを自由に設定できる。頭出しをする場所を決め、左下の追加ボタンをタップ。プレイリストに項目が追加される。

録音品質を変更する

3

タップ

録音品質を指定する

録音品質を変更することもできる。設定ボタンをタップして「録音品質」を選択しよう。品質が高いほどサイズが大きくなるので注意しよう。

オンラインストレージから PDFファイルを読み込もう

メニューからクラウドを選択する

1

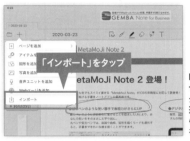

「インポート」をタップ

PDFに注釈を入力する場合は、左上の追加ボタンをタップして「インポート」を選択する。「ブラウズ」からインポートするファイルを選択しよう。

注釈を入れたPDFを書き出す

2

タップ

タップ

注釈を入力したファイルを書き出す場合は、右上のメニューから「送る」をタップして、書き出すアプリを選択しよう。

ウェブページを保存する

3

完了

「完了」をタップ

保存形式を選択する

左上の追加ボタンをタップして「Webページを追加」をタップする。ブラウザが起動するので保存したいページを開き右上の「完了」をタップするとページを保存できる。

まとめ

問題のあった デザイン性が 改善され 使いやすくなった

GoogNotesやNoteshelfの人気の高まりもあって最近では影が薄くなりがちなMetamoji Noteだが、その要因はインターフェイスのデザインの悪さにあっただろう。たくさんのツールボタンが並び、初めて使う人には直感的に使えなかった。

しかし、Metamoji Note 2では大幅にインターフェースが改善されておりゴチャゴチャ感が消えている。その上で特にビジネスユーザーに便利な手帳タイプのノートやレーザーポインタ機能など新しい機能も追加されている。

iPadで本格的なグラフィック作成を行う

Adobe Illustrator Draw

iPadで手書きイラストを作成して、PC版で仕上げるのに最適なアプリ

「メモ」アプリに搭載されているスケッチはあくまでメモが目的のため、細かなペンの太さやカラーの調整ができない。手書きでイラストレーションやグラフィックを作るなら、細かな調節が行える「Adobe Illustrator Draw」を使おう。

Adobe Illustrator Drawは、ベクター描画に対応しているグラフィック作成アプリ。真っ白なキャンバス上に好きなペンとカラーを選択して自由に絵を描くことができる。Apple Pencilに対応しており、思いどおりのストロークを最大限に発揮することができるのがメリット。ほかのメモ系アプリと異なり、ブラシのサイズや不透明度、カラーのほか、真円率、角度、テーパーなどの設定を細かく調節できるので、iPadを使ってイラストレーションを描きたい人や、広告やブログ上に載せるロゴや図版など、グラフィック作成をするのに最適なアプリといえるだろう。

また、レイヤー機能を搭載しており、複雑な画像処理ができる。手書きで描いたイラストの背景にカメラロールにある画像を配置したり、Adobeが運営するロイヤリティフリーの画像素材サイトAdobe Stockから画像を追加してレイヤーを使った合成処理が可能だ。

作成したイラストは、共有メニューから外部に書き出し、PC版のIllustrator CC、Photoshop CCで読み込める。手書き部分はiPadで行い、仕上げはPCを利用するといった使い方も考えられるだろう。

Adobe Illustrator Draw
作者／Adobe
価格／無料
カテゴリ／
仕事効率化

Adobe Illustrator Drawのメイン画面

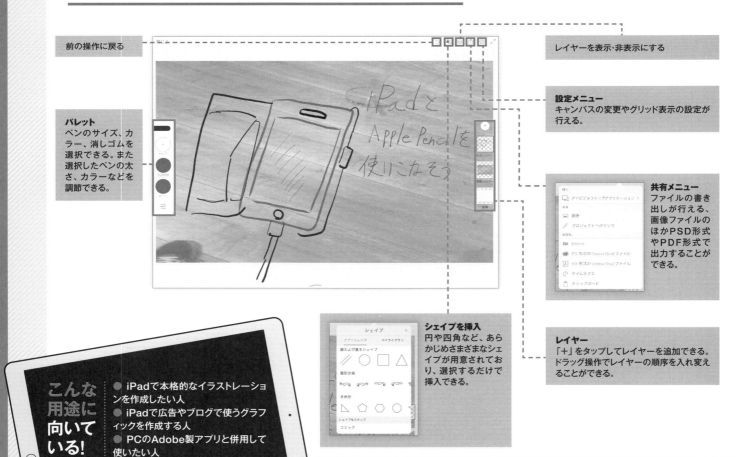

前の操作に戻る

レイヤーを表示・非表示にする

パレット
ペンのサイズ、カラー、消しゴムを選択できる。また選択したペンの太さ、カラーなどを調節できる。

設定メニュー
キャンバスの変更やグリッド表示の設定が行える。

共有メニュー
ファイルの書き出しが行える、画像ファイルのほかPSD形式やPDF形式で出力することができる。

シェイプを挿入
円や四角など、あらかじめさまざまなシェイプが用意されており、選択するだけで挿入できる。

レイヤー
「+」をタップしてレイヤーを追加できる。ドラッグ操作でレイヤーの順序を入れ変えることができる。

こんな用途に向いている！
● iPadで本格的なイラストレーションを作成したい人
● iPadで広告やブログで使うグラフィックを作成する人
● PCのAdobe製アプリと併用して使いたい人

レイヤーを使って編集をしよう

レイヤーを追加する 1

「+」をタップしてレイヤーを追加する

追加するレイヤーの種類を選択する

レイヤーを使って編集するには、画面右にあるレイヤー画面を利用する。レイヤーを追加するには「+」をタップして、レイヤーの種類を選択しよう。

追加したレイヤーをカスタマイズする 2

レイヤーをタップすると、レイヤー設定画面が表示される。不透明度、描画モード、変形、複製など細かな設定を行おう。

レイヤーの順番を入れ替える・結合する 3

「下のレイヤーと結合」をタップ

レイヤーの順番を入れ替えるには、レイヤーを長押しして上下にドラッグしよう。レイヤーを結合するには、レイヤーをタップして「下のレイヤーと結合」を選択しよう。

シェイプを使って編集をしよう

利用するシェイプを選択 1

シェイプを選択する

シェイプボタンをタップ

四角や丸などのシェイプを追加するには、上部メニューからシェイプボタンをタップし、追加したいシェイプを選択しよう。

シェイプをカスタマイズする 2

四隅をドラッグして形を調節する

シェイプ内を長押しして色を追加する

シェイプが追加される。四隅をドラッグすれば大きさや形を調整することができる。色を追加する場合は、シェイプ内を長押ししよう。

作成したグラフィックを保存する **POINT!**

作成したグラフィックを画像形式で保存する場合は、共有メニューから「画像」を選択して、保存先アプリを指定しよう。レイヤーが結合されPNG形式で保存される。PCで続きの作業をする場合は「PSD形式のCreative Cloudファイル」を選択しよう。

共有メニューから保存する

まとめ

ベクターデータで細かなイラストを描けるのが最大の魅力

iPadにはAdobe製のアプリが多数配信されているが、イラストレーションやグラフィック作成をするなら、本アプリがおすすめ。本アプリの描画はすべてベクターデータで処理され

ているので、PCのAdobe Illustratorにデータを移したときに、描いた線をパスとして認識してくれる。あとで修正処理も自由自在にでき、拡大・縮小しても画質が損なわれない。

iPadで本格的なイラストレーション作成する人に必携のツールだ。逆に無数の点の集まりである写真を、本アプリでレタッチするには向いていない。

WindowsとAppleの両方でメモを共有できる

Microsoft OneNote

**Microsoft純正の
手書きメモだから
Windowsと同期できる**

　手書きアプリの大半は、作成したメモをMacをはじめAppleのほかのデバイスと共有することが可能。しかし、ユーザーの中にはメインPCにWindowsを使っている人も多いはず。手書きメモをWindowsと共有する機会が多い人は、Microsoftの手書きメモアプリ「OneNote」を使うといいだろう。

　OneNoteはMicrosoft純正のノートアプリ。気になることをサクッとテキスト形式でメモすることができ、また手書き機能も搭載している。マイクロソフトアカウントでログインしていれば、Windowsに標準搭載しているOneNoteアプリとクラウド経由（OneDrive）でメモを同期することが可能。AppleとMicrosoftの両方のデバイスを利用している人に非常に便利だ。

　ペン、鉛筆、マーカーの3種類の筆が用意されており、自由にサイズやカラーを変更することができる。図形変換モードを有効にすればドローイングで描いた円や四角をきれいに自動補正してくれる。投げ縄ツールを使って囲んだメモは、自由にカット＆ペーストしたり、サイズを変更することが可能だ。また、作成した手書きメモをセクションやノートブックを使って細かくカテゴリ別に分類することができる。

　Microsoft製だけあって、プレゼンテーションファイルを添付したり、数式を入力したり、表を挿入するなどオフィス周りの機能が充実しているのも魅力で、作成した仕事関係の重要なメモにはパスワードロックをかけることも可能だ。

**Microsoft
OneNote**
作者／Microsoft
Corporation
価格／無料
カテゴリ／仕事効率化

OneNoteのメニューを把握しよう

WindowsPCとメモを共有できる。

描画
手書きメモを行うにはここをタップする。

描画モード
スタイラスペンの持ち方の設定や、描画モードの有効設定ができる。

セクション
フォルダのようなもの。名前は自由に変更できる。

ページ
作成した手書きメモが一覧表示される。ページは各セクション間を自由に移動できる。

描画ツール
利用するスタイラスペンの設定が行える。ペンを長押しすると、カラーや太さを調節できる。

こんな
用途に
向いて
いる！
- ●WindowsPCを使っている人
- ●オフィスファイルを添付する機会が多い人
- ●メモ内容のセキュリティを高めたい人

OneNoteで手書きメモを作成して整理しよう

新規ページを作成して手書きする

1

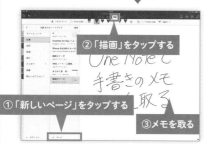

②「描画」をタップする

①「新しいページ」をタップする

③メモを取る

「新しいページ」をタップする。ノートが起動したら上部メニューから「描画」をタップすると手書きモードに切り替わる。ペンを選択してメモを取ろう。

図形を自動的に修正する

2

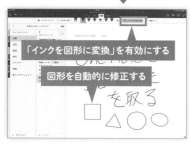

「インクを図形に変換」を有効にする

図形を自動的に修正する

「インクを図形に変換」を有効にして、四角や丸などの図形を描くと、自動できれいな形に修正してくれる。

なげなわ選択でカスタマイズする

3

「なげなわ選択」をタップする

変更した箇所を囲い込む

手書きしたメモをカット、コピー、移動、サイズ変更などをするには「なげなわ選択」をタップして、変更したい箇所を囲い込もう。自由にカスタマイズできるようになる。

作成したメモにさまざまなファイルを挿入しよう

「挿入」からツールを選択する

1

「挿入」を選択して、添付するファイルの種類を選択する

ファイルを添付する場合は、上部メニューの「挿入」を選択して、表示されるメニューから添付するファイルの種類を選択しよう。

オフィスファイルを添付してみよう

2

添付ファイルをタップするとメニューが表示される

エクセルやワードを添付する場合は「ファイル」を選択して、ファイルを指定する。添付ファイルをタップして現れるメニューからプレビュー表示することもできる。

数式を使って計算する

3

「数式」をタップする

数式を入力する

ツールメニューの「数式」をタップして表示されるボックス内に数式を入力すると、自動で計算して表示してくれる。

まとめ

Windowsやオフィスを日常的に使っている人におすすめ

日常的にWindows PCを利用しており、かつオフィスアプリを使っているなら、おすすめのアプリ。なお、iPad版のWordやExcelに搭載されている「描画」ツールとインタフェースは共通している。Windowsとの互換性以外の面では、数式や表を挿入したり、PDFはもちろんのこと、WordやExcelなどMicrosoftのオフィスファイルを添付できるのも便利。パスワード保護もできるので、漏洩するとまずいような重要なビジネス用メモの管理としても向いている。

このアプリの ポイント
● 余白を気にすることなく伸び伸びとメモが書ける
● 思考が中断されずに継続してメモを書き続けられる
● 投げ縄ツールなど編集ツールも多彩

模造紙のように360度方向に書けるメモアプリがバージョンアップ

MapNote 2

ピンチ操作で メモ周囲の余白を 自由に変更できる

手書きメモアプリの大半はキャンバスの大きさが固定されているため、ふと付けたメモの周囲に注釈や脱線した話を付け加えたくなっても余白が足りず困る。放射線状にメモを付けていきたいという人は、「MapNote」を使おう。

このアプリがほかの手書きアプリと大きく異なるのは、キャンバスのサイズが固定されないこと。メモした内容の周囲に注釈を入れたくなったときは、画面をピンチインすることで周囲の余白を増やすことができる。まるで1枚の大きな模造紙にメモを書き込んでいるような感じといえ、キャンバスサイズを気にすることなく、メモを取り続けることが可能だ。マインドマップの作成や地図を手書きで作成するときなどに効果を発揮するだろう。

メニューはシンプルだが、ほかの手書きアプリ同様にペンの太さやカラーを自由に変更するなど基本的な機能はきちんと備えている。投げ縄ツールを使えば、範囲指定した箇所を切り取り、ほかの場所に移動させたり、カラーを変更することが可能だ。

作成した手書き内容は自動でアプリ内に保存されるが、外部に書き出したい場合は、共有メニューからPDF形式に変換してメールに添付して送信する必要がある。新しくなったMapNote 2では動画が安定化されたほか、フォルダ機能を使ってノートをカテゴリ分類できるようになった。

MapNote 2
作者／Naoya Enokida
価格／610円
カテゴリ／
仕事効率化

MapNoteのメイン画面

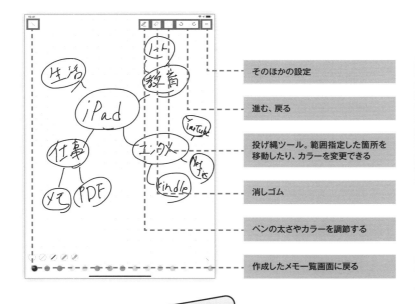

そのほかの設定

進む、戻る

投げ縄ツール。範囲指定した箇所を移動したり、カラーを変更できる

消しゴム

ペンの太さやカラーを調節する

作成したメモ一覧画面に戻る

キャンバスがいっぱいに なったらピンチイン

ピンチイン

手書きメモを入力していて、キャンバスの余白がなくなったら、画面をピンチインしてみよう。

キャンバスが広がる

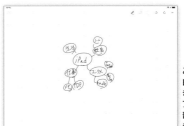

このように周囲の余白を増やすことができる。また、ピンチアウトすると、文字部分を拡大表示できる。

こんな 用途に 向いている!
● 議事録やインタビューメモなど素早くメモを書き取るとき
● マインドマップを作成するとき
● 手書きの地図を作成するとき

投げ縄ツールで手書き内容を編集する

投げ縄ツールを選択する 1

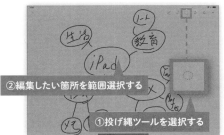

②編集したい箇所を範囲選択する

①投げ縄ツールを選択する

作成した手書き内容を編集するには、右上のツールバーから投げ縄ツールボタンをタップして、編集したい部分を囲い込む。

カラーを変更する 2

「…」を選択する

変更したいカラーを選択する

範囲選択するとメニューが表示される。カラーを変更する場合は、「…」を選択し、下のパレットから変更したいカラーを選択しよう。

カット&ペーストする 3

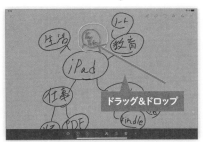
ドラッグ&ドロップ

範囲選択した箇所をほかの場所に移動させたい場合は、投げ縄ツールで囲い込んだあと、そのままドラッグ&ドロップすればよい。カットしたい場合はメニューから「Cut」を選択しよう。

手書きメモをフォルダ分類しよう

フォルダを作成しよう 1

タップ
フォルダ名を入力して「+」をタップ

ノート一覧画面で左上のメニューボタンをタップして「フォルダを追加」にフォルダ名を入力して「+」をタップする。

メモをフォルダ分類する 2

タップ
フォルダボタンをタップ

メモを開き右上の「…」をタップしてフォルダボタンをタップ。分類先フォルダを選択しよう。

Split Viewにしてドラッグ&ドロップで保存する

POINT!

作成した手書きメモをiPadの「ファイル」アプリに保存する場合は、iPadのSplit Viewを活用しよう。「メール」アプリの新規作成画面で、Split Viewで「ファイル」アプリを起動する。PDFファイルをドラッグ&ドロップすれば保存できる。

PDFファイルをドラッグ&ドロップ

まとめ

マインドマップや手書き地図作成にベスト!

360度方向に伸びていくマインドマップの作成や手書き地図を作成するのに非常に便利なアプリ。メモ入力後でも自由に範囲選択して、カット、コピー、ペーストなどができるのが便利。単純に360度方向に何か描きたいことがあるとき使うと便利な単機能アプリと思って使うのがよいだろう。フォルダ整理機能や投げ縄ツールの機能拡充だけでなく、前バージョンで問題あった動作の不安定性もかなり改善されている。今後もバージョンアップが楽しみなアプリだ。

このアプリの ポイント
- Officeファイルに手書きメモを入力できる
- 「マップ」アプリやウェブページをキャプチャできる
- レイヤーを使って多層的なメモを作成できる

レイヤー機能を搭載し、Office文書を直接読み込んで注釈を入れられる手書きアプリ

ZoomNotes

**とにかく多機能!
あらゆるファイルに
手書きができる**

「ZoomNotes」は、非常に多機能な手書きノートアプリ。インポート機能がほかのアプリよりも強力で、画像やPDF形式だけでなく、Word、Excel、PowerPointなど、MicrosoftのOfficeファイルを読み込んで手書きの注釈を付け加えることができる。共有メニューも豊富でメールに添付して送信できるので、部下が作成した統計データやグラフにも簡単に注釈や指示内容を入れて返信することが可能だ。なお、書き出す際はPDF形式となる点に注意しよう。

また、「マップ」アプリで表示している地図をキャプチャして手書きの注釈を入れたり、ウェブページをキャプチャして注釈を入れることができる。ウェブページをキャプチャする際は、iPadの画面に表示されている部分だけでなくページ全体をキャプチャしたり、範囲指定した箇所をキャプチャすることもできる。ウェブサイトの校正や地図に案内図を入力したいときにも便利だ。

入力ツールも豊富。独特なのがルーラー機能だろう。「メモ」アプリのスケッチでおなじみの通常の定規のほか、三角定規、半円定規、四角定規、円定規などが利用できる。

ほかにはレイヤー機能を搭載しており、ページ上に付箋紙のようなものを付けることができる。Apple Pencilで追加したページの大きさや位置を調節することができる。多層的なノートを作成することが可能だ。

ZoomNotes
作者／Deliverance
Software Ltd
価格／980円
カテゴリ／
仕事効率化

ZoomNotesのメイン画面

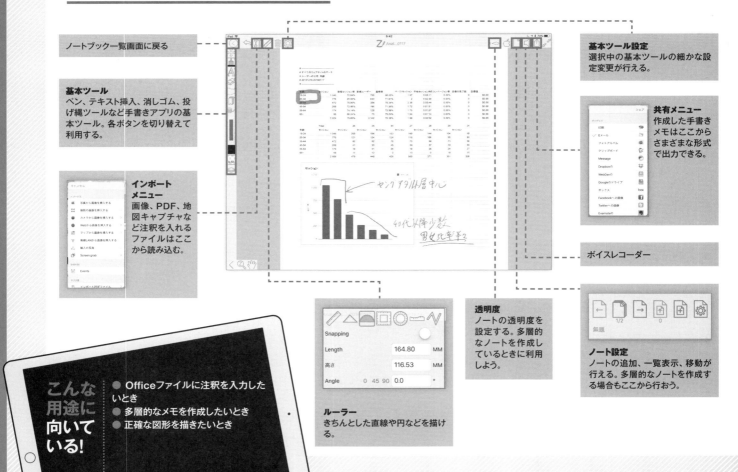

ノートブック一覧画面に戻る

基本ツール
ペン、テキスト挿入、消しゴム、投げ縄ツールなど手書きアプリの基本ツール。各ボタンを切り替えて利用する。

インポートメニュー
画像、PDF、地図キャプチャなど注釈を入れるファイルはここから読み込む。

基本ツール設定
選択中の基本ツールの細かな設定変更が行える。

共有メニュー
作成した手書きメモはここからさまざまな形式で出力できる。

ボイスレコーダー

ノート設定
ノートの追加、一覧表示、移動が行える。多層的なノートを作成する場合もここから行おう。

透明度
ノートの透明度を設定する。多層的なノートを作成しているときに利用しよう。

ルーラー
きちんとした直線や円などを描ける。

こんな用途に向いている!
- Officeファイルに注釈を入力したいとき
- 多層的なメモを作成したいとき
- 正確な図形を描きたいとき

Excelファイルに手書きの注釈を入れよう

1 追加ボタンをタップする

Officeファイルを読み込むには、ノートブック一覧画面で、左上の追加ボタンをタップして「インポート」から、読み込みたいファイルにチェックを入れて「ダウンロード」をクリック。

2 基本ツールを使って注釈を入れる

手書きで注釈を入力する

ツールを選択する

PDF形式に変換された形でOfficeファイルが読み込まれる。左側にある手書きの基本ツールを使って注釈を入れていこう。

3 入力したノートを外部へ保存する

共有メニューをタップして共有方法を選択する

注釈を入れたノートを外部へ保存する場合は、右上の共有メニューをタップする。共有方法を選択すれば、PDF形式でノートを保存することができる。

レイヤー機能を使って多層的なノートを作成する

1 ノートを追加する

右から2番目のボタンをタップする

多層的なノートを作成する場合は、右上のノート設定ボタンをタップし、右から2番目のレイヤーボタンをタップする。

2 現在のノート上に小さなノートが追加される

追加したノートの位置やサイズはカスタマイズできる

現在表示しているノート上に小さなノートが追加される。Apple Pencilでサイズを変更したり、ノートをドラッグして位置を変更できる。

ノート順番を変更する

POINT

作成したノートの順番を変更したい場合は、ノート設定ボタンをタップして、左から2番目のノート一覧ボタンをタップ。すると作成したノートがサムネイル形式で一覧表示される。上部メニューにあるボタンを使って、ノートの順番を変更できる。

まとめ

MS純正Officeアプリと使い分けるのがコツ

WordやExcelなどOfficeファイルに直接手書き注釈を入力するだけなら、iPad版WordやExcelなどのMS純正のオフィスアプリでも可能だが、手書き機能はあくまでサブ機能のため、最低限の手書きツールしか搭載されていないのが欠点だ。その点、ZoomNotesは豊富な手書きツールを搭載しており、日常的にメインの手書きメモアプリとして利用できるのが大きなメリット。ただし、手書きメモを入力した後の出力形式はPDF形式になる点には注意。MS純正Officeアプリとうまく使い分けよう。

SELECTION 07

このアプリのポイント
- 手書きメモをテキスト形式で出力できる
- テキスト化したあと再編集できる
- Apple Pencil専用メモアプリ

手書きでメモした内容をデジタルデータに変換する

Nebo

全体の文脈を分析して手書きメモを適切なテキストに変換してくれる

大学の講義や講演会の内容をメモする際、PCでカチャカチャとキーボードの音を鳴らすと周囲に迷惑だ。しかし、手書きでメモすると、あとでメモした内容を打ち直すのに非常に手間がかかる。そこで便利なのが「Nebo」というアプリだ。

Neboは、手書きした内容を素早くテキスト形式に変換できる

アプリ。書いた文字をダブルタップするだけでテキストに変換することができ、さらにダブルタップすると元の手書き文字に戻して、再編集することができる。誤字脱字や数式の間違いを発見したときでも、元の手書き状態に戻して修正することが可能だ。

この手のアプリはいくつかあるが、本アプリはOCR（光学認識機能）が抜群に優れており、汚い走り書きの手書き内容でも、

かなり正確に変換することができる。文章全体の文脈を判断して変換してくれるので、長文であればあるほど認識精度は高くなる。また、ペンの太さを0.15から1.0まで調節できるので、自分にあったペンを選んで、きれいな手書き文字を描くことで、より正確に変換できる。

また、手書きした四角や矢印をダブルタップすると、きれいな形に自動修正してくれる。図形内にもテキスト入力ができる

ので、手書きでのチャート作成にも役立つだろう。

本アプリはApple Pencil専用アプリとなるので、事前にApple Pencilと対応のiPadを用意しておこう。

Nebo
作者／MyScript
価格／無料（App内課金あり）
カテゴリ／仕事効率化

Neboのメイン画面

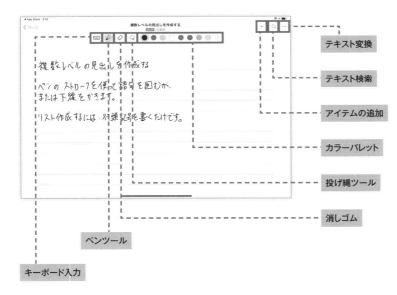

- テキスト変換
- テキスト検索
- アイテムの追加
- カラーパレット
- 投げ縄ツール
- 消しゴム
- ペンツール
- キーボード入力

ノートブックの名前とカラーを設定する

ノート名を入力する / カラーを指定

初回起動時にノートブックの名前とカラーを設定しよう。

初回起動時は日本語設定にしよう

日本語を選択する

初回起動時の言語設定画面で日本語ファイルを必ずダウンロードしよう。

こんな用途に向いている！
- 大学の講義ノートのデジタル化
- タイピング音が出せない場所でのメモ作成
- 数式の作成

手書きメモを テキストデータに変換する

1 手書きしたメモを変換する

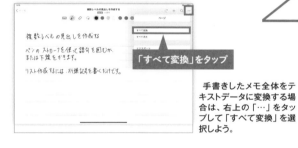

①ダブルタップ
②メニューから「変換」を選択する

手書きメモを作成したあと、テキストデータに変換したい行をダブルタップ、もしくはタップして右にある「…」から「変換」を選択しよう。

2 「すべて変換」を選択する

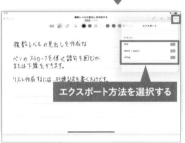

「すべて変換」をタップ

手書きしたメモ全体をテキストデータに変換する場合は、右上の「…」をタップして「すべて変換」を選択しよう。

3 変換したデータを外部へ保存する

エクスポート方法を選択する

文脈全体を理解して変換するので、ほとんど語句は修正する必要はない。外部へエクスポートするには、右上の「…」から「エクスポート」を選択しよう。

手書きで ダイアグラムを作成する

1 ダイアグラムを作成する

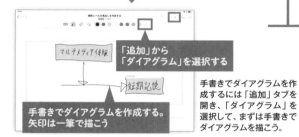

「追加」から「ダイアグラム」を選択する

手書きでダイアグラムを作成する。矢印は一筆で描こう

手書きでダイアグラムを作成するには「追加」タブを開き、「ダイアグラム」を選択して、まずは手書きでダイアグラムを描こう。

2 ダブルタップして変換する

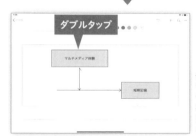

ダブルタップ

作成した手描きのダイアグラムをダブルタップしよう。するとこのように、文字はもちろん図形もきれいな形に自動で直してくれる。

POINT

手書きキーボードのみ 追加する「手書きキーボード」

iPadのキーボードにNeboの手書きテキスト変換機能を追加できるアプリ。キーボード入力が苦手で常に手書きでテキスト入力をしたい人に便利。

手書きキーボード
作者／Catalystwo Limited
価格／490円

まとめ

プレゼン資料制作や 数学ノートにも 活用できる

手書きした文章をテキストに変換するのがメイン機能だが、本アプリはほかにもたくさんの独自の便利な機能が備わっている。四角や円などの手書きした図形をタップしてきれいな図形に変換したり、手書きの数式をタップしてきれいな数式に変換することができる。またMicrosoft Word文書やPDF形式で出力することができるので、プレゼン資料制作や数学のノートとしても活用できるだろう。日常のメモとして利用するよりも、学校や研究機関、職場などの利用で活躍が期待されるアプリだ。

SELECTION 08

このアプリのポイント

- ●PDFにハイライトや打ち消し線を入力できる
- ●カメラで資料をスキャンしてPDFを作成できる
- ●Adobe純正なので動作が安定している

安定性が抜群のAdobe純正のPDF注釈アプリ

Adobe Acrobat Reader

Adobe系アプリやサービスと連携すれば最強のPDFアプリに!

メールに添付されたPDFに注釈を書き込んだり、間違った箇所を訂正するには、注釈アプリが欠かせない。この手のアプリはさまざまあるが、安定した動作と豊富な注釈ツールを求めているなら、Adobe純正の閲覧･注釈アプリ「Adobe Acrobat Reader」を使おう。

Adobe Acrobat Readerでは、PDFファイルにテキストを追加したり、ハイライト、下線、取り消し線などの注釈を入力できる。描画ツールも搭載されており、Apple Pencilを使って手書きの注釈を入れることも可能だ。注釈を入れた箇所はタップして、自由に再編集することができる。Adobe純正アプリなので、動作も安定しており、入力した注釈がほかの環境で表示されないといったトラブルはほとんど起こらない。クライアントとの環境の違いから生じる表示エラーが気になる人におすすめだ。それでいて多機能な上、無料で利用できる点もうれしい。

また、Adobe Scanと連携させることで、カメラ撮影した紙の文書やホワイトボードに書かれた内容、領収証などを取り込み素早く注釈を入力することができる。さらに、追加料金を支払うことで、Adobe Scanで撮影した書類の並べ替え、削除、回転の編集を行うこともできる。

注釈を入力して保存したPDFは、メールに添付して外部に送信できるほか、Adobe Document Cloudを使って、共有リンクを作成して、誰でも閲覧できる状態にすることも可能だ。

Adobe Acrobat Reader
作者／Adobe
価格／無料
カテゴリ／ビジネス

Adobe Acrobat Readerのメイン画面

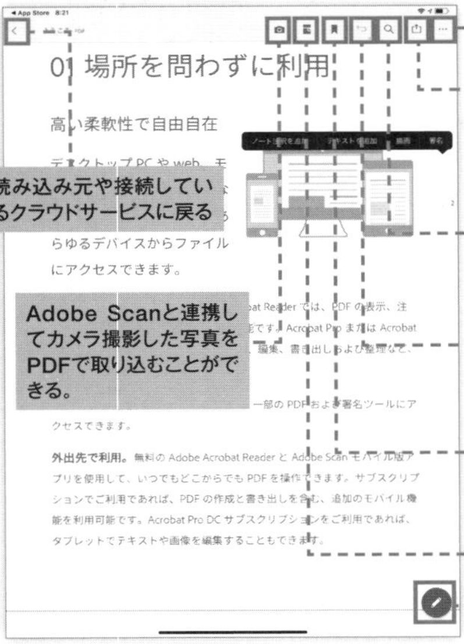

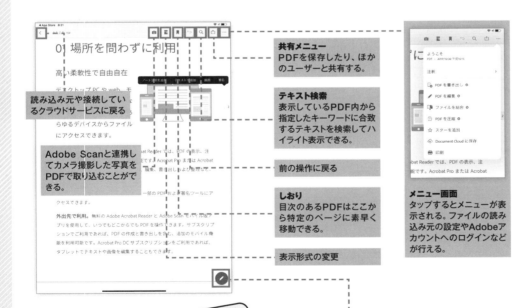

読み込み元や接続しているクラウドサービスに戻る

Adobe Scanと連携してカメラ撮影した写真をPDFで取り込むことができる。

共有メニュー
PDFを保存したり、ほかのユーザーと共有する。

テキスト検索
表示しているPDF内から指定したキーワードに合致するテキストを検索してハイライト表示できる。

前の操作に戻る

しおり
目次のあるPDFはここから特定のページに素早く移動できる。

表示形式の変更

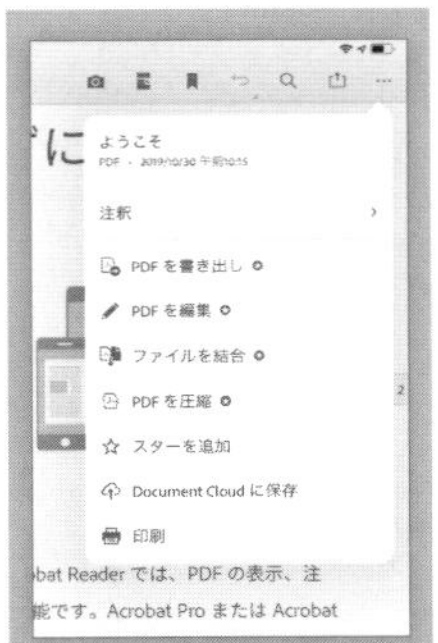

メニュー画面
タップするとメニューが表示される。ファイルの読み込み元の設定やAdobeアカウントへのログインなどが行える。

注釈ツール
PDFに注釈を入れるにはここからツールを選択する。

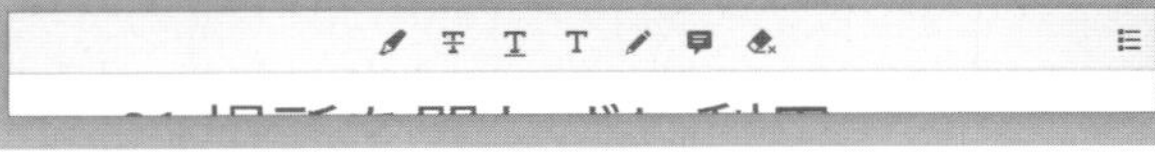

PDFを読み込もう

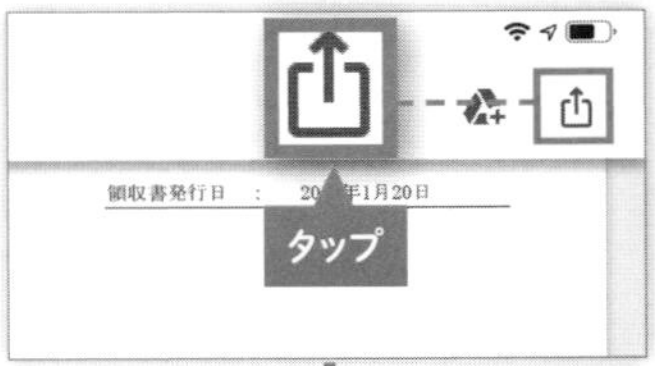

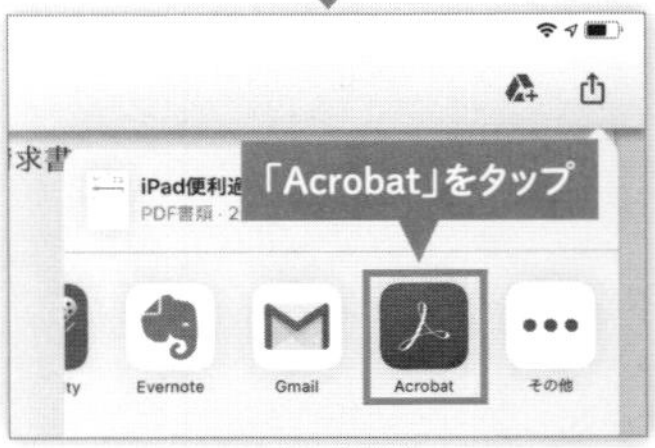

メールに添付されたPDFを開くには、メール画面で開いたあと、共有メニューをタップして「Acrobat」を選択しよう。

こんな用途に向いている!

- 安定したPDF注釈アプリを使いたい人
- 紙資料をPDF化して注釈を入れたい人
- ほかのAdobeサービスを使っている人

PDFに注釈を付けてみよう

注釈ツールを使おう

1

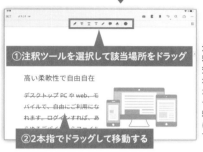

①注釈ツールを選択して該当場所をドラッグ

高い柔軟性で自由自在

デスクトップ PC や web、モバイルで、自由にご利用になれます。ログインすれば、あ

②2本指でドラッグして移動する

注釈を入れるには、注釈ツールを選択して有効状態にした後、該当場所をドラッグしよう。なお2本指で画面をドラッグすることで、注釈ツールをオフにせずにページをスクロールできる。

入力した注釈を編集する

2

01 場所を問わ...利用

01 場所を問わずに利用

色や透明度を変更することができる

注釈を軽くタップするとメニューが表示される

入力した注釈内容を修正したり、削除する場合は、注釈を1本指で軽くタップ。メニューが表示されるので、色を変更したり、注釈範囲を変更しよう。

PDFを外部へ保存する

3

01 場所を問わずに利用

高い柔軟性で自由自在

デスクトップ PC や web、モバイルで、自由にご利用にならゆるデバ

共有メニューから注釈を入れたアプリを外部へ保存する

🔗 リンクを取得

「リンクを取得」をタップすると共有リンクを作成できる

ファイルを外部へ保存したり、共有するには、共有メニューをタップする。「リンクを取得」からAdobe Document Cloud経由で共有リンクを作成できる。

紙資料をスキャンして注釈を入れよう

Adobe Scanをインストールする

1

右上のカメラをタップ

Adobe Scanをインストール

紙をスキャンして注釈を入れるなら、右上のカメラをタップ。Adobe Scanのページが開くのでインストールしよう。無料でダウンロードできる。

Adobe Scanで撮影する

2

「PDFを保存」をタップ

Adobe Scanを起動して、資料を撮影しよう。撮影後、右上の「PDFを保存」をタップして保存する。

Adobe Acrobatで注釈を入れる

3

「Acrobatで開く」をタップ

Adobe Scanの管理画面に戻り、スキャンした資料の右下にある「Acrobatで開く」をタップしよう。Adobe Acrobatで開いて、注釈を入れることが可能だ。

まとめ

Adobe純正で動作は安定しているが注釈ツールの数は少なめ

Adobe純正のアプリだけあって、動作の安定性は抜群だ。入力した注釈が相手のPCやモバイル端末で表示できなかったり、レイアウトが崩れてしまうことはほとんどない。インターフェースもシンプルで、直感的に利用できる。iPadで初めてPDF注釈アプリを利用する人におすすめのアプリだ。

ただし、PC版のように多彩な注釈ツールは備えていないのが残念。テキスト置換ツールやテキスト挿入ツール、また矢印や円などのシェイプ機能など、もう少し複雑な注釈ツールを利用したいなら、Foxit Readerを使うといいだろう。

このアプリの ポイント
- 使いやすく動作が安定している
- 外部サービスとの連携性が高い
- プロ版ならPDFを直接編集することもできる

閲覧から注釈、編集までPDF管理はこれ1つ!

PDF Expert 7

Adobe製アプリと互換性の高い多機能iPad用PDF注釈アプリ

クライアントや同僚から渡されたPDFに手書きで注釈を付けて返したいときは、PDF専門のノートアプリを使おう。「PDF Expert 7」がおすすめだ。PDF Expert 7はiPadで人気のPDF編集アプリ。初めてでも直感的に使えるシンプルで洗練されたインタフェースと安定した動作性で人気が高い。Adobe製

アプリとの互換性が高く、PDF Expertで付けた注釈はAdobe製ビューアや標準的なビューアでも問題なく閲覧できる。

PDF内のテキストに対して指やApple Pencilを使ってハイライトや打ち消し線、手書きのドローイングを入力できる。ほかにもメモ、矢印、円、長方形といったシェイプ、「承認済み」「機密」などビジネスで役立つステッカーを搭載しており、仕事で必要なツールはほぼ揃ってい

る。ファイラーアプリとしても優れており、PDFの複製、移動、圧縮、名称変更、抽出、ページの並び替えなどができる。

外部との連携性が高く、あらゆる場所からファイルの入出力が可能。DropboxやiCloudドライブといったオンラインストレージとの連携はもちろんのこと、同じLANネットワーク内の共有フォルダにアクセスしたり、FTP、SFTP、WebDAVサービスに接続することもできる。

また、有料のプロ版では編集機能を備えており、PDFに注釈を入れるだけでなく、PDF内のテキストや画像の位置、サイズを自由に編集することもできる。

PDF Expert 7
作者／Readdle Inc.
価格／無料
カテゴリ／仕事効率化

PDF Expert 7のメイン画面

ファイル管理画面に戻る

共有
編集したPDFを外部へ書き出す

PDFに注釈を入れる

PDFのページをサムネイル表示する

ブックマーク
開いているPDFの特定の場所をブックマークに登録する

検索
PDF内のテキストを検索する

ツール
ツールバーを編集する

お気に入りのツールを登録する（有料）

PDFの表示形式を変更できる。

PDFを編集する（有料）

PDFに手書きで注釈を入れる

こんな用途に向いている!
- 仕事のPDF文書に注釈を入れる人
- PDFの内容を直接編集したい人
- PCとも互換性のあるPDF注釈・編集がしたい人

注釈モードで PDFに注釈を入れよう

ペンのカラーと種類を選択しよう 1

PDFを開いたあと、画面を一度タップするとツールバーが表示される。各ツールの設定はボタンを長押しすると表示される。

注釈をタップしてメニューを表示 2

入力した注釈をタップするとポップアップでメニューが表示される。削除したり、カラーを変更したいときに利用しよう。

ステッカーを挿入する 3

あらかじめさまざまなステッカーが用意されている。ツールバーからステッカーボタンをタップして挿入したいステッカーを選択しよう。

ページの 並び替え・抽出をする

サムネイル表示にする 1

PDFをサムネイル表示にするには、左上のサムネイル表示ボタンをタップしよう。

ページの並び替えをする 2

長押ししてドラッグ

PDF内のページの並び替えをする場合は、対象のページを長押ししてドラッグしよう。ページが移動する。

ページを外部に抽出する 3

「選択」をタップ

「抽出」をタップ

ファイルを選択する

指定したページを外部に抽出するには右上の「選択」をタップし、ページを選択して「抽出」をタップする。保存先を指定しよう。

まとめ

PDF注釈アプリから ノートアプリへ 変化しつつある

PDF Expertは毎年バージョンアップされており、現在はバージョン7となっている。バージョン7ではこれまでの「注釈」モードや「編集」モードに加えて新たに「描画」モードが追加されているのが特徴だ。「描画」モードでは、おもに手書きのメモを作成したり、スキャンした書籍のテキストを強調表示したいときに利用する。

もともとPDFへの注釈がコアで写真や手書きメモはおまけだったが、現在はノートアプリに変わりつつある。今後、ノートアプリとしてどう変化していくか注目だ。

WordやExcelに直接手書きメモをする
Microsoft Word/Excel/PowerPoint

Microsoft純正の iPad版Officeなら 手書きが可能だ

WordやExcelを読み込んで手書きメモを入力できるアプリの多くは、出力する際にPDF形式に変換されてしまう。ほかのファイル形式に変換せず、直接WordやExcelに手書きのメモを入力したいなら、Microsoft純正のOfficeアプリを使うのがおすすめ。
「Microsoft Word」では、「描画」メニューが搭載されており、手書きのメモを作成することができる。既存のWord（docx）ファイルを読み込み、手書きの注釈を入れ、Word形式で保存することができる。

Excelに手書きのメモや注釈を入力したい場合は、「Microsoft Excel」を使おう。既存のExcelを読み込んで、ワークシート上に直接手書きの注釈を入力できる。入力した注釈は、そのままExcel形式で保存することができる。保存後にファイルを開くときちんと入力した注釈は表示される。

また、「Microsoft PowerPoint」を使えば、PowerPointに手書きの注釈を入力することができ、手書きのプレゼンテーション資料を作成することも可能だ。

Microsoft Word
作者／Microsoft Corporation
価格／無料
（App内課金あり）
カテゴリ／仕事効率化

Microsoft Excel
作者／Microsoft Corporation
価格／無料
（App内課金あり）
カテゴリ／仕事効率化

Microsoft PowerPoint
作者／Microsoft Corporation
価格／無料
（App内課金あり）
カテゴリ／仕事効率化

iPad版Officeアプリを使ってみよう

Wordで手書きメモを行おう

Microsoft Wordで手書きメモを入力するには、メニューから「描画」を選択する。表示されるツールバーからペンやマーカーを選択して、手書き入力を行おう。

Excelで手書きメモを行おう

Microsoft Excelで手書きメモを入力するには、メニューから「描画」を選択する。ワークシート上に直接手書きの注釈を入れることができる。

PowerPointで手書きを行う

Microsoft PowerPointでもWordやExcel同様に「描画」モードが用意されており、手書きのプレゼンテーションファイルを作成することができる。

こんな用途に向いている！
● Word形式の原稿に注釈を入力したいとき
● Excel形式データ資料に注釈を入力したいとき
● 手書きのオリジナリティのあるプレゼンテーションを作成したいとき

Excelを読み込んで 注釈を入れてみよう

ファイルをインポートする

1

②ストレージサービスを選択する

①オンラインストレージから 読み込む場合は 「場所の追加」を選択する

Excelを起動したら、メニューの「開く」からiPad内にあるファイルを読み込むことができるほか、「場所の追加」から、利用しているオンラインストレージのファイルも読み込むことができる。

「描画」画面で手書きの注釈を入力する

2

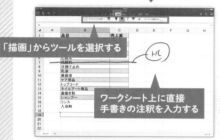

「描画」からツールを選択する

ワークシート上に直接 手書きの注釈を入力する

ファイルを読み込んだら、「描画」をタップして、手書の注釈を入力するのに利用するペンを選択する。あとは、直接、エクセル上に手書きしよう。

ファイルを外部へ保存する

3

コピーを送信

エクスポート

手書き注釈を入れたファイルを外部アプリへ保存するには、左上のファイルボタンをタップして、「コピーを送信」もしくは「エクスポート」から保存先を指定しよう。

WordやPowerPointで 手書き入力をする

Wordに注釈を入力する

1

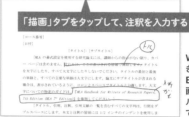

「描画」タブをタップして、注釈を入力する

Word形式の文書に手書きの注釈を入れる場合も、Excelと同じように「描画」タブを開き、ペンツールを選択して直接、手書きで注釈を入力しよう。

手書きのプレゼンテーションを作成する

2

Microsoft PowerPointでは注釈の入力に利用するにも、手書きのプレゼンテーション作成をするのもよいだろう。

新規スライドを追加する

3

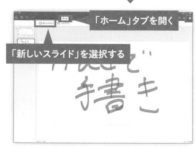

「ホーム」タブを開く

「新しいスライド」を選択する

Microsoft PowerPointで新規にスライドを追加するには、「ホーム」タブを開き、「新しいスライド」をタップ。新規スライドが追加される。

まとめ

Officeファイルのまま 注釈が 入力できるのが便利

純正のOfficeアプリに搭載されている手書き機能の最大の魅力は、ファイル形式を変換せず直接手書き入力できること。ただし、利用できるツールは基本的なものだけなので、やや、物足りなさを感じることもある。多機能でOfficeファイルにも注釈が可能なZoomNotesとうまく使い分けるといいだろう。

また、10.1インチより大きいiPadで手書き機能を利用するには、Office365のサブスクリプションを購入する必要があり、環境によっては、かなり費用がかかってしまう点に注意しよう。

このアプリの ポイント
- ●ハッシュタグを使ってメモを整理する
- ●テキストエディタとしても有能
- ●手書きによるメモにも対応している

手書き機能も追加された人気メモ&テキストエディタを使いこなそう

Bear

メモアプリとして優れているが本格的なiPadのテキストエディタとしても利用できる

一時的なメモに便利なアプリといえば、iPad純正の「メモ」アプリやEvernoteの名前がまず挙げられるが、ここ1〜2年で急激に人気を伸ばしているのが「Bear」というアプリだ。

ふと思いついたことを書き留めるのに便利なメモアプリで、入力すると同時に自動保存してくれる。整理機能がほかのアプ

リと少し異なり、フォルダやノートブックはない。代わりに任意のワードとシャープ「#」を付けるハッシュタグを利用した分類が可能で、作成したハッシュタグをクリックすれば、同じハッシュタグを含むすべてのメモをフィルタリング表示させることができる。入力するハッシュタグの数には制限はないので、各メモに対して細かく分類することが可能だ。

また、テキストエディタとし

てもBearは優れている。ツールバーから入力したテキストに文字装飾を付けたり、ハイパーリンクを設定できるほか、タップ1つでチェックボックスや箇条書き項目を追加できる。情報パネルでは、入力した文字数や段落の数をカウント表示してくれる。ほかに読み終えるまでの推定時間を教えてくれるが、これは日常的にブログを書いている人に便利な情報だ。

最新版のBearでは手書き機能

が追加され、Apple Pencilや他社製のスタイラスペンを使って手書きでサクッとメモを取ることが可能になっている。なお、作成したメモは、Pro版であればiCloudを通じてiPhoneやMacと同期することができる。

Bear
作者／Shiny Frog Ltd.
価格／無料(App内課金あり)
カテゴリ／
仕事効率化

Bearの基本的な使い方を理解しよう

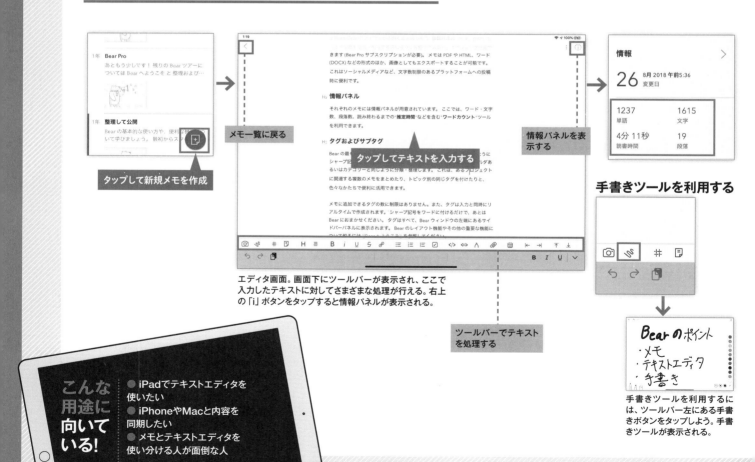

タップして新規メモを作成

メモ一覧に戻る

タップしてテキストを入力する

情報パネルを表示する

エディタ画面。画面下にツールバーが表示され、ここで入力したテキストに対してさまざまな処理が行える。右上の「i」ボタンをタップすると情報パネルが表示される。

ツールバーでテキストを処理する

情報

26 8月 2018 午前5:36
変更日

1237	1615
単語	文字
4分 11秒	19
読書時間	段落

手書きツールを利用する

手書きツールを利用するには、ツールバー左にある手書きボタンをタップしよう。手書きツールが表示される。

こんな 用途に 向いている!
- ●iPadでテキストエディタを使いたい
- ●iPhoneやMacと内容を同期したい
- ●メモとテキストエディタを使い分ける人が面倒な人

エディタの設定を
カスタマイズしよう

設定ボタンをタップする

1

タップ

タップ

文字の大きさや行の高さはカスタマイズできる。左上のメニューボタンをタップし、下の設定ボタンをタップする。

フォントを調整する

2

設定画面から「エディタ」をタップし、「タイポグラフィ」をタップする。フォントの種類や大きさ、行の高さや幅などを調整できる。

ソート条件を変更する

3

作成したメモは標準では新着順に上から表示される。ソート順をカスタマイズしたい場合は、設定画面の「一般」の「メモリストのソート」で並び方をカスタマイズしよう。

作成したメモを
エクスポートする

共有メニューを開く

1

タップ

「メモのエクスポート」をタップ

作成したメモをエクスポートするには、右上の「：」をタップして表示されるメニューから「メモのエクスポート」をタップ。

ファイル形式を選択する

2

ファイル形式を選択する

エクスポートするファイル形式を選択しよう。なお、無料版とPro版で利用できるファイル形式に差異がある。

手書きメモをエクスポートする

3

タップ

手書きメモをエクスポートする場合は、手書きメモを開いたあと、右上の共有ボタンをタップして保存先を選択しよう。

まとめ

メモアプリと
テキストエディタの
いいとこどりができる！

Bearは文字数カウントが可能で、またHTMLなどのマークアップ言語に対応しておりマークダウン記法を使ったテキスト入力も可能。そのため単純にメモを取るアプリだけでなく、iPadで原稿や書類作成などでドキュメント作成をしたり、プログラムを書くためのテキストエディタとして十分に活用できる。有料版を購入すればiCloudを通じてiPhone版やMac版と同期することもできる。メモアプリとテキストエディタを使い分ける人が面倒な人におすすめだ。

カレンダーに直接書き込めるスケジュール手帳アプリ

Planner for iPad

**デジタルアプリと
紙の手帳のいいとこ
どりを実現**

スマホやタブレットのデジタル手帳は機能が豊富で便利なものの、肝心の入力が面倒なため、サクッと書き留められる紙の手帳をいまだに使っているという人も多いだろう。そんな人におすすなのが「Planner for iPad」だ。

Planner for iPadは、Apple Pencil向けの手帳アプリ。起動すると紙の手帳と同じレイアウトのカレンダーが表示され、手書きでスケジュールやメモの入力が行える。紙の手帳の体験をできるかぎりiPadで実現してくれているため、入力時の煩わしさはほとんどない。

入力する際は、ペンのカラーや太さをカスタマイズでき、スケジュールに変更があった場合は、書き込んだ内容を自由にカット&ペーストして編集することができる。

また、これまでのカレンダーアプリと同じく「月」「週」「日」で表示形式を変更できるほか、画面右側の無地のスペースに自由にドローイングができる「レフト」形式という独自の表示形式も用意されている。まさに、デジタルとアナログが融合したカレンダーアプリといえるだろう。

iOS標準の「カレンダー」アプリに入力したスケジュールを同期して表示させることもできるほか、あらかじめ、iOSカレンダーにGoogleカレンダーを同期させておけば、Googleカレンダーの内容も表示させることも可能だ。

Planner for iPad
作者／Takeya Hikage
価格／無料(App内課金あり)
カテゴリ／
仕事効率化

Planner for iPadの基本的のメイン画面

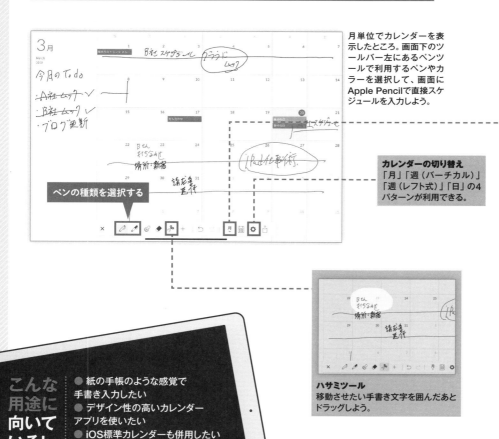

ペンの種類を選択する

月単位でカレンダーを表示したところ。画面下のツールバー左にあるペンツールで利用するペンやカラーを選択して、画面にApple Pencilで直接スケジュールを入力しよう。

カレンダーの切り替え
「月」「週(バーチカル)」「週(レフト式)」「日」の4パターンが利用できる。

ハサミツール
移動させたい手書き文字を囲んだあとドラッグしよう。

「カレンダー」アプリと同期する

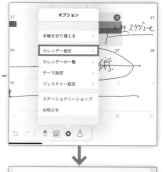

iPad標準の「カレンダー」アプリに入力したスケジュールを表示するには、設定ボタンから「カレンダー設定」を選択し、「標準カレンダーと連携する」を有効にしよう。

**こんな
用途に
向いて
いる!**
● 紙の手帳のような感覚で
手書き入力したい
● デザイン性の高いカレンダー
アプリを使いたい
● iOS標準カレンダーも併用したい

「リフィル」を使いこなそう

付箋を追加しよう　1

リフィルを選択する

付箋を選択する

タップ

ツールバーにある追加ボタンで「リフィル」から付箋を追加できる。付箋は複数の種類が用意されている。

付箋に手書しよう　2

ドラッグで自由に移動する

手書きでメモを入力する

付箋にはApple Pencilを使って直接手書き入力ができる。また、ドラッグして自由に動かせる。ピンチ操作で拡大縮小もできるが文字が消えてしまうので注意。

作成した付箋をまとめて閲覧する　3

作成した付箋をまとめて表示したい場合は、カレンダーの表示選択で「リフィル」を選択しよう。リフィル画面に切り替わり付箋が一覧表示される。

マスキングテープを追加する

マスキングテープを選択する　1

タップ

マスキングテープを選択する

種類を選択する

タップ

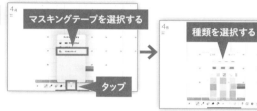

数日にわたる長期スケジュールを入力する場合はマスキングテープを使おう。追加ボタンから「マスキングテープ」を選択する。

ドラッグして長さを設定する　2

ドラッグしてマスキンテープを追加する

カレンダー画面に戻ったらマスキングテープを引きたい場所にドラッグしよう。マスキングテープが追加される。上からメモを入力しよう。

スタンプやテーマを購入しよう

POINT !

付箋やマスキングテープのほかにもスタンプやテーマなどさまざまなユニークなアイテムが用意されている。利用するには追加ボタンから「リフィル」を選択し、「購入する」をタップ。「ステーショナリーショップ」を開く。ここから有料でアイテムを購入できる。

まとめ

手帳タイプの手書きカレンダーではベスト！

手書きカレンダーアプリはいくつかあるが、手帳タイプのカレンダーアプリを求めている人にはベストといっていい。月、週、日ごとに表示形式を変えることができるので、各日付のメモも詳細に記録できる。

また、デザインにこだわる人もおすすめだ。有料になるがオプション機能が豊富で、付箋、マスキングテープ、スタンプ、テーマなどさまざまなアイテムを使って自分だけのデザインカレンダーを作ることが可能だ。

ほかの人と共有できるカレンダーを作ろう

Palu

日付ごとに自由に 手書きで予定を書いたり 写真を添付できる

iPadには標準で「カレンダー」アプリが搭載されているが、紙のカレンダーのように色鉛筆でテキストまわりを装飾したり、絵やアイコン書き加えることはできない。手書きでグラフィカルなカレンダーを作りたいなら「Palu」を使おう。

Paluは手書きで予定を入力できるカレンダーアプリ。20色以上のカラーと3種類のペンを使って手書きで、日付単位のスケジュール入力が可能。iPad内に保存している写真を貼り付けたり、あらかじめ内蔵されているスタンプでカレンダーを彩ることもできる。カレンダーを開いたときにテキストを読まなくても視覚的にスケジュールが理解でき便利だ。入力した手書き内容はコピー＆ペーストできるので、定例会議や定期的なイベントといった繰り返し予定もスムーズに行える。

カレンダーは3つ作成することができる。各カレンダー間で作成したスケジュールを自由に移動させたり、コピー＆ペーストができる。仕事用や生活用などで使い分けよう。

また、共有機能を搭載しており、作成したカレンダーを友だちや家族と簡単に共有することができる。閲覧するだけでなく共同でカレンダーを編集することも可能だ。

作成したカレンダーをiPhoneと共有する場合は、iPhone版をインストールして、iPhoneに共有招待メールを送信すればよい。

Palu
作者／MetaMoJi
Corporation
価格／無料
カテゴリ／
ライフスタイル

手書きでスケジュールを入力してみよう

1

①追加をタップ
③日付をタップする
②カレンダーを選択する

Paluを起動したら左上の追加ボタンをタップしてカレンダーを作成する。下のタブから利用するカレンダーを選択して、入力する日付をタップ。

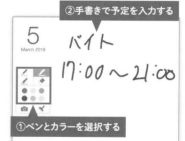

2

②手書きで予定を入力する
①ペンとカラーを選択する

入力画面が表示される。ペンとカラーを選択して、キャンバスに手書きで予定を入力しよう。カラーパレット上で左右フリックするとカラーを変更できる。

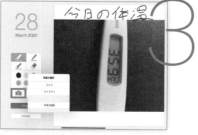

3

写真を追加するにはカメラアイコンをタップ。「ライブラリ」からiPadに保存している写真を追加できる。写真上に直接手書きで予定を入力できる。

4

予定を長押しする

作成した予定は長押しして表示されるメニューからカット、コピー、ペーストができる。繰り返し予定の入力をする際に利用しよう。

こんな 用途に 向いている！
● iPadで手書きスケジュールを作成してiPhoneで確認
● バイトのシフトや友達と遊ぶ日のスケジュールを共有する
● 成長記録の写真を貼り付けて日々の変化を記録する

● Palu

カレンダーを他の人と共有する

タブをタップして共有メニューを開く 1

②「共有の設定」をタップ

①タップ

共有したいカレンダーのタブをタップして、設定画面を表示したら、「共有の設定」をタップしよう。

共有を有効にする 2

有効にする

共有設定と招待方法を設定する

「このカレンダーを共有」を有効にして、共有設定（共同編集するか閲覧専用か）と招待方法を選択しよう。

メールで招待する 3

ここではメールで共有相手を招待してみよう。メール作成画面が起動するので、宛先と差出人を設定してメールを送信すると、相手に招待メールが届く。

iPadで作成したカレンダーをiPhoneと共有する

共同編集にしてメールを送信する 1

①共有設定を有効にする

②「書き込み許可で招待する」を選択する

自分のiPhoneと共有するには、共有設定画面で共有設定を有効にして、「書き込み許可で招待する」を選択してメールを送信する。

iPhoneでメールを受信して開く 2

「タップしてカレンダーを共有する」をタップ

iPhone側でメールを受信したら、「タップしてカレンダーを共有する」をタップしよう。事前にiPhone版Paluをインストールしておくこと。

カレンダーを編集する 3

iPadで作成したカレンダーが表示される。日付をタップすると、編集画面が表示され、内容を直接編集することが可能だ。

まとめ

数少ない手書きカレンダーアプリの中で今後も期待できるアプリ

手書き系アプリの中でも、カレンダーに手書き機能が搭載されているアプリは非常に少なく、それだけで価値は高い。加えて本アプリは、カレンダーにスタンプやイメージを貼り付けることができたり、ほかのユーザーとカレンダーを共有できたりと機能が豊富だ。製作会社は手書きメモアプリの大手MetaMoJiなので、動作の安定性や信頼性も高い。アップデートも頻繁で、カレンダー表記数や利用できるペンやスタンプの数がどんどん増えている。まだまだ、今後の発展が期待される新しい手書きアプリだ。

アイデアの構造化に便利なノートアプリ

ThinkSpace

**アイデアを書き出すのに
便利なテンプレートが
多数搭載されている**

ビジネスシーンでは、ブレインストーミングをはじめフローチャート、ダイアグラム、マインドマップ、SWOT分析など思考をフレームワーク化して視覚化する方法がたくさんある。無地のキャンバスでもこれらの視覚化作業は行えるが、毎回同じようなフレームワークを手書きするのであればノートアプリに

「ThinkSpace」を使おう。

ThinkSpaceは、あらかじめ膨大な数のアイデアマップのテンプレートを備えたノートアプリ。利用したいテンプレートを選択したら、あとはApple Pencilを使ってアイデアを書き出すだけでよく、自分でチャートやダイアグラムを作成する必要はない。自分でテンプレートを作成することもできる。使いたいテンプレートがない場合は、自作して使いまわそう。

キャンバスは指でピンチイン・アウト操作することで無限に広げることができるので、マインドマップの作成にも便利だ。

また、色付きの付箋にメモするカードツールや、マインドマップを書く際に各アイデアを線でつなぐのに便利なリレーションツールなど、ツール面においてもほかのノートアプリと異なる独自のものが多い。

無料版では2つしかキャンバスを利用できないが、Pro版にア

ップグレードすれば、無制限にキャンバスをアップロードしたり、iOSデバイス間でデータを同期できる。ほかにユーザーを招待して共同編集することも可能だ。

ThinkSpace
作者／Naoya Enokida
価格／無料
カテゴリ／仕事効率化

ThinkSpaceののメイン画面

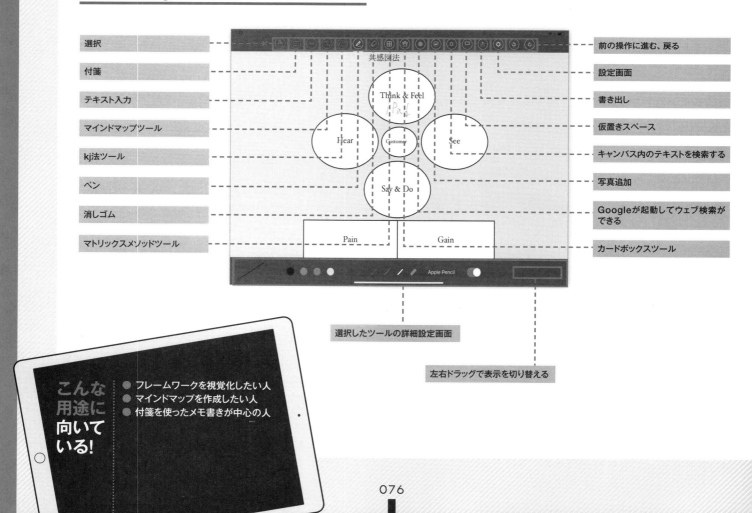

選択
付箋
テキスト入力
マインドマップツール
kj法ツール
ペン
消しゴム
マトリックスメソッドツール

共感図法
Think & Feel
Hear　Customer　See
Say & Do
Pain　　Gain

前の操作に進む、戻る
設定画面
書き出し
仮置きスペース
キャンバス内のテキストを検索する
写真追加
Googleが起動してウェブ検索ができる
カードボックスツール

Apple Pencil

選択したツールの詳細設定画面

左右ドラッグで表示を切り替える

**こんな
用途に
向いて
いる!**
● フレームワークを視覚化したい人
● マインドマップを作成したい人
● 付箋を使ったメモ書きが中心の人

アイデアを視覚化しよう

キャンバスを新規作成する 1

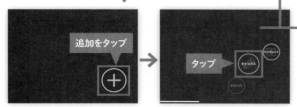

追加をタップ
タップ

ThinkSpaceを起動したら右下の追加ボタンをタップする。テンプレートを使う場合は「テンプレート」、無地のキャンバスを使う場合は「キャンバス」を選択しよう。

付箋ツールを利用する 2

ツールを選択する
ツールの設定をする

上部ツールバーから利用するツールを選択する。選択後、下部設定画面でツールを設定し、キャンバスをタップすると適用される。ここでは付箋を使ってみた。

マインドマップツールを利用する 3

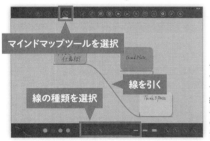

マインドマップツールを選択
線を引く
線の種類を選択

マインドマップツールでは書き留めたアイデア同士を繋げる枝状の線を簡単に作成できる。下部設定画面で線の種類を選択してアイデア間で線を引こう。

テンプレートを使ってメモを取る

テンプレートを選択する 1

タップしてテンプレートを変更する
タップして利用する

新規作成画面で「テンプレート」を選択すると、ビジネスシーンで役立つさまざまなテンプレートが利用できる。

テンプレートを自作する 2

追加ボタンをタップ

テンプレートを自作することもできる。テンプレート選択画面右上にある追加ボタンをタップ。

テンプレートエディターを使う 3

テンプレートを描く
タップ
ツールを選択する

テンプレートエディターが起動する。右上の編集ボタンをタップして、下部から利用するツールを選択してテンプレートを作成しよう。

まとめ

経営やマネジメントを行う人のための必須のツール

仕事に役立つノートアプリはたくさんあるが、ThinkSpaceはどちらかといえば経営者やマネジメントなど、「創造」に携わるビジネスマン向けの限定ノートアプリといってよいだろう。営業や一般事務職の人たちがメモするノートとは異なる仕様となっているので、購入する際はアプリ配布ページをチェックしておこう。なお、iPhone版も配布されておりiPadのメモした内容をiPhoneで確認したり、iPhoneで編集することもできる。

このアプリの ポイント
- ●簡単にアニメーションが作成できる
- ●細かなフレーム設定ができる
- ●レイヤーを使った高度な編集もできる

無料で作成できる高度なアニメーションツール

Flipa Clip

複雑な操作なし
初めてアニメーションを
作る人におすすめ

ちょっとしたコマ送りのアニメ制作や、自分で描いた絵を少し動かしてGIFアニメに変換したいなら「Flipa Clip」を使おう。

Flipa Clipはコマ送りのアニメが簡単に作成できるアニメーション作成アプリ。ノートアプリのようなシンプルなインタフェースが特徴だ。これまでノートアプリを使っていたユーザーなら、白い無地のキャンバス上に設置されているペン、消しゴム、選択、塗りつぶし、テキストの5つの描画ツールだけでも直感的に利用できるだろう。前のフレームを見ながら次のフレームを作ることができたり、随時プレビュー再生して出来栄えを確認できる。初心者だけでなく本格的なアニメーション制作する人にも向いている。

制作時に起動するプロジェクト画面で、画面の指示に従って名前、背景、キャンバスサイズ、フレーム数（1秒間に何枚再生するかの設定）を設定すれば、アプリ側で基礎フォーマットを作ってくれる。なお、これらの設定はあとでも変更できる。

また、レイヤー機能を搭載しており、無料版では最大3レイヤーまで利用可能。音声ファイルもアニメーションに追加でき、無料版では最大6トラックまで追加して、搭載しているエディタを使って音声編集もできる。

作成したアニメーションはその場で再生する以外に、MP4動画やGIF動画に出力することができる。作成したアニメーションは、TikTok、YouTube、Instagram、Facebook、Tumblrに投稿することも可能だ。

FlipaClip
作者／Visual Blasters LLC
価格／無料
カテゴリ／エンターテインメント

FlipaClipのメイン画面

- ペンツール
- 消しゴムツール
- 選択ツール
- 塗りつぶしツール
- テキスト入力
- 音声挿入
- プレビュー
- フレームシーン

初期設定画面
- プロジェクト名
- 背景の設定
- キャンバスサイズの設定
- プロジェクトの追加

レイヤー
タップするとレイヤーが表示される。

フレーム数の選択
フレーム感覚がわからない場合はタップして、フレーム数を指定しアニメーションを再生してみよう。

こんな
用途に
向いて
いる！
- ●アニメーション作りを始めてみたい人
- ●わかりやすい絵コンテを書きたい人
- ●動きのあるプレゼンテーションを作りたい人

アニメーションを作ってみよう

ペンを選んで絵を描く　1

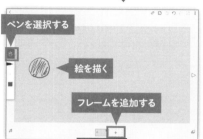

ペンを選択する

絵を描く

フレームを追加する

左のツールバーからペンを選択し、太さやカラーを選択する。その後、キャンバスに描こう。フレームを追加するにはフレーム追加をタップ。

フレームを追加していく　2

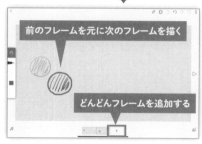

前のフレームを元に次のフレームを描く

どんどんフレームを追加する

フレームを追加したら、前のフレームが半透明で表示されるので、次のフレームの絵を囲う。描いたらまたフレームを追加していこう。

ムービーを作成する　3

「ムービーを作成」を選択する

タップしてプレビュー再生

右にあるプレビューボタンでムービーを再生してチェックできる。書き出す場合は右上の「…」をタップして「ムービーを作成」をタップしよう。

レイヤーを使って処理をする

レイヤーを追加する　1

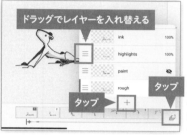

ドラッグでレイヤーを入れ替える

ink　100%
highlights　100%
paint
rough

タップ

タップ

レイヤーを追加するには右下のレイヤーボタンをタップして追加ボタンをタップしよう。レイヤーの上下はドラッグして変更できる。

レイヤーを調節する　2

タップして非表示にする

ink　100%
highlights　100%
paint

左にスワイプしてほかの機能を表示する

レイヤー横の透明度をタップすると選択しているレイヤーを非表示にできる。左にスワイプすると削除やほか機能（有料）が利用できる。

有料版と無料版の違い　POINT

無料版のFlipaClipでは利用できる機能が限られている。有料版にアップグレードすれば、最大レイヤーを10まで追加したり、キャンバスサイズをカスタマイズしたり、有料版を購入するにはプロジェクト画面の設定画面で「プレミアム機能」を選択しよう。

タップ

タップ

まとめ

フレームを利用した本格的なアニメーション制作に便利！

コマ送りアニメといえばGIFアニメのようなものを想像しがちだが、本アプリはフレームレートを細かく設定して本格的なアニメーションを制作できる。GIFアニメと動画の中間のようなもので、手描きアニメーション制作に本格的に取り組みたい人におすすめだ。なお、FlipaClipではチャレンジやコンテストを随時開催しているので制作した作品を発表してみるのもいいだろう。

アニメーション制作以外では、絵コンテの作成、雲の流れや植物の成長記録など自然観察スケッチにも向いている。

Apple Pencilで3Dモデリングを作成しよう

Shapr3D

**初めてでも簡単に
高度な3Dモデリングを
作成できるCADアプリ**

コンピューターを使って建築設備や製品の断面図を作成する作業をCADと呼ぶが、CADアプリの多くは使い方が非常に難しく、素人が趣味で利用するにはかなり敷居が高い。しかし、iPad専用のCADアプリ「Shapr3D」を使えば、初心者でもすぐにCAD作業を覚えて3Dモデリングを作成することが可能だ。

Shapr3Dでは、CAD作業初心者向けに動画形式のチュートリアルが多数用意されているのが最大の特徴で、チュートリアルに従って操作していくだけで、基本的なCAD操作を身につけることができる。チュートリアル中に操作に誤りがあったときは注意してくれる。これまで3Dモデリングに挑戦して挫折してしまった人は、本アプリで再挑戦してみるとよいだろう。

Shapr3Dでは、CAD作業をできるだけ簡易化するため、Apple PencilとiPad Proの使用が前提となっている。Apple Pencilだけで、立方体や直方体などの図形を描いたり、描いた図形の高さや形を自由に編集することができるので、パソコンのマウス作業が苦手という中級ユーザーにもおすすめのアプリだ。

作成した3Dモデリングは、STL形式で保存できるので、3Dプリンタで出力することができる。Pro版を購入すれば、STEPやIGESなどさまざまな形式で出力することができる。保存する際は、iOSの共有メニューから各種アプリに保存したり、AirDrop経由でMacに素早く送信することができるので、ほかのアプリやデバイスとの連携性もスムーズに行えるだろう。

Shapr3D
作者／Shapr3D Zrt
価格／無料
カテゴリ／
仕事効率化

チュートリアルメニューが充実している

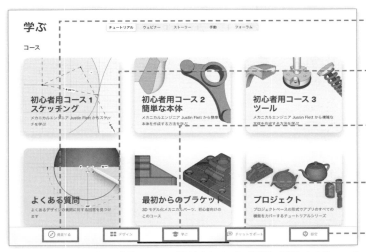

発見する
作成した3Dモデリングやおすすめチュートリアルなどが表示される。

デザイン
作成した3Dモデリングが一覧表示される。新規作成もここから行なう。

学ぶ
チュートリアル専用のページ。初心者向けのチュートリアルのほか、各ツールの使い方を動画形式で学ぶことができる。

チャットサポート
質問メッセージを送って回答してもらうことができる。

設定
アカウント設定や言語設定を行う

Shapr3Dではチュートリアル専用のメニューが用意されている。起動後、下部にある「Learn」タブをタップすると、チュートリアル専用のコンテンツが表示される。

こんな用途に向いている!
● 3Dモデリングを制作したい
● PC上でのCAD操作が苦手な人
● 3Dプリンタ用のモデルを制作したい人

**初回起動時に
チュートリアルで学ぶ**
初回起動時は自動的にチュートリアル画面が表示される。チュートリアルに従って操作を進めていこう。

チュートリアル動画が自動的に表示される

実際にCAD作業を してみよう①

立方体や直方体を作成してみよう 1

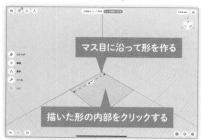

マス目に沿って形を作る

描いた形の内部をクリックする

簡単な立方体や直方体を作成してみよう。新規作成画面を表示したら、マス目に沿ってApple Pencilで四角枠を描く。描いたら内部をクリックする。

ドラッグして立体的な形にする 2

②数値をクリックする

①上へドラッグすると高さが追加される

形の色が濃い青色に変化したら、そのままApple Pencilで上へドラッグする。高さが追加されて立体的な形態に変化する。高さを調節する場合は、数値をクリックして適切な値を入力しよう。

指操作で視点を変更する 3

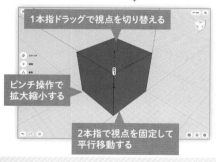

1本指ドラッグで視点を切り替える

ピンチ操作で拡大縮小する

2本指で視点を固定して平行移動する

視点を変更したい場合は、1本指で画面をドラッグしよう。360度方向に自由に視点を切り替えることができる。視点を固定したままで平行移動したいときは2本指で画面をドラッグしよう。

実際にCAD作業を してみよう②

モデリング全体を編集する 1

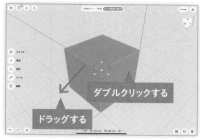

ダブルクリックする

ドラッグする

モデリング全体の大きさを変更する場合は、Apple Pencilでモデリングをダブルクリックする。全体が青色で選択した状態になったら、そのままドラッグすると大きさが変更できる。

モデリングの角を編集する 2

辺をクリックしてドラッグする

モデリングの角を編集する場合は、辺をクリックする。辺が青色に変化したらドラッグしよう。角が変化する。

作成したモデリングを外部に保存する 3

共有メニューをタップ

フォーマットを指定する

モデリングはアプリ内に自動保存されるが、外部に保存する場合は、左上の共有ボタンをタップして、フォーマットを指定して保存しよう。

ま と め

日本語版 チュートリアルの登場でさらに使い勝手がよくなった

あらゆる箇所に動画形式のチュートリアルが付属しているため、操作の難しいCADアプリの中で、本アプリは断トツに使い勝手が良いのは間違いない。初めてCAD作業に挑戦するには最適なアプリだ。以前は、すべてチュートリアルは英語で、メニューもすべて英語だったので、やや使いづらかったが現在は、日本語版がリリースされ使いやすくなっている。また、高額なCADアプリが多い中で、基本的なモデリングツールを使うだけなら無料で利用できる点も本アプリの魅力だ。

わかりやすいインターフェースながら
意外に多機能で便利な手書きノート

Notability

· · · · · · · · · ·

数ある手書きノートの中でも、特筆すべき録音機能を備えているのがNotabilityだ。また一部では絶大な評価を受ける縦スクロール機能も秀逸だ！

名前：Notability
作者：Ginger Labs
価格：1,100円
カテゴリ：仕事効率化

· · · · · · · · · ·

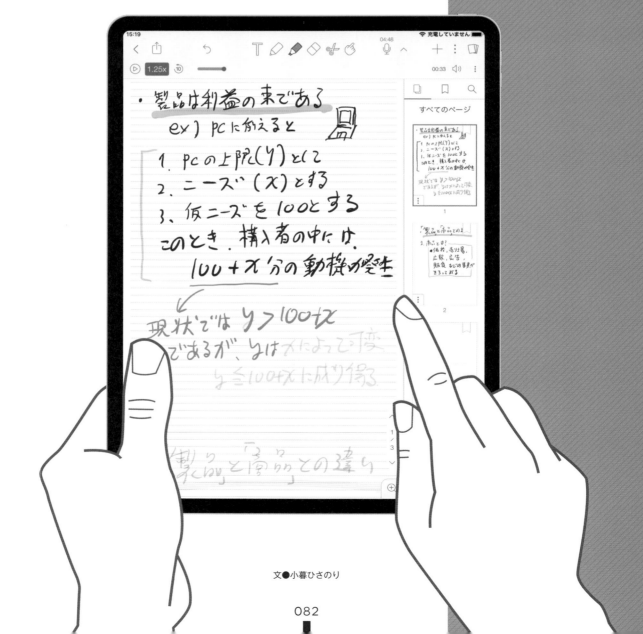

文●小暮ひさのり

Notabilityの ポイント

1
わかりやすく使いやすい2ペインのインターフェース

Notabilityの管理画面は、純正の標準メモアプリにも近く直感的に使える2ペインのレイアウトで、初めて使うときも違和感なく使えるだろう。

2
ノートをとりながら音声を録音できるがそれだけではない!

録音機能のあるノートアプリはいくつか存在するが、録音と手書きのメモがリンクできる機能はNotabilityのみ! これは凄い機能だ。

3
抜群の快適さを味わえる縦スクロール機能

ページをまたいで書き込み可能

ページの切り替えが縦スクロールで行えるのもNotabilityのポイントだ。ページを意識することなく無限に移動できる自由な感じがよい。

4
2つのノートを同時に表示できるメモスイッチャー機能が便利!

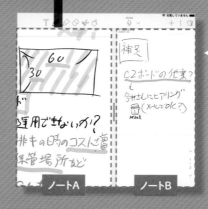

ノートA　　ノートB

アプリ内Split Viewともいえる、2つのノートの同時表示機能は素晴らしく便利! 同時にSplit Viewを利用することもできる。

Notabilityの 機能

ドローイング、カットツール、音声録音、ノートとの同期再生、
プレゼンテーションモード、レーザーポインター、ノートスイッチャー、オートシェイプ、
イメージ挿入、iCloudでの同期、手書き文字変換、手書き文字検索

議事録や板書まとめなら Notabilityの出番!

● ○ ○ ○ ○ ○ ○ ○

1

アプリを起動した時のノートリスト画面は「メモ」に近いレイアウト。カテゴリを作成し、その中にノートを作成していくスタイル。カテゴリはさらに仕切り(フォルダ)内にまとめることができる。

純正「メモ」に通じる
シンプルなリスト画面で
直感的に使える

❶ ノートのタイトルや順序の変更
❷ ノートを他のアプリに送る
❸ 新しいカテゴリや仕切りを作る
❹ クラウドなどからファイルを読み込む
❺ 新規ノートを作成
❻ 仕切りの中にカテゴリをまとめられる
❼ カテゴリ内にあるノートのリスト
❽ 各種設定の変更

テーマカラーを
変更する

2

iPadOSのテーマ設定に合わせる

ライト・ダーク・ダークブルー
から選択可能

有料テーマもある

設定画面の「テーマ」からはテーマカラーを変更できる。有料テーマもあり配色の自由度は高い。

用紙のスタイルも
多数!

3

標準の用紙のカラー・種類を変更できる

ノートの用紙の色や種類は設定画面の「書類」から変更。罫線入りノートや、方眼ノートも作成できる。

**大量のノートも
効率よく管理できる**

「Notability」の優れている点は、操作方法をじっくり調べなくても、iOSやiPadOSに親しんだ人であれば直感的に使える

インターフェース。まずアプリ起動時の画面は、左側にノートをカテゴリごとにまとめておけるフォルダと仕切りが用意されていて、右側にはそれらの中に保存されているノートがリスト

表示される2ペインレイアウト。この管理画面は標準の「メモ」アプリにも似たデザインになっているので、スムーズに利用できるのが特徴だ。

作成するノートの種類も設定

画面から変更可能。罫線ノートや方眼ノートなど、用途に合わせて変更しておくといい。もちろん、これらはノート編集中でも変更できる。

素早くメモれて
マーカーやテキストも挿入できる

○●○○○○○○○

鉛筆ツールから色や線幅を変更できる

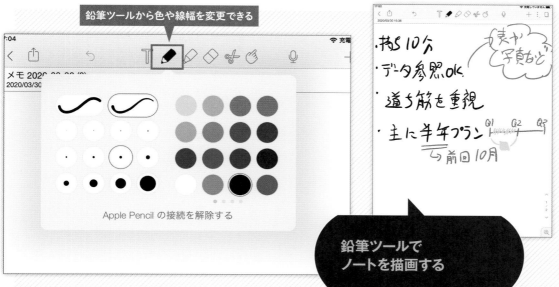

1

ノートを書くには、上部のツールアイコンから鉛筆ツールを利用する。タップすると色や線幅などを変更することもできる。

鉛筆ツールでノートを描画する

マーカーツールから色や太さを選ぶ

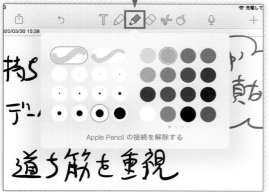

2

ノートの大事な場所を目立たせるには、マーカーツールが便利。カラーを選んで半透明のカラーマーカーを引こう。

書いたノートにマーカーを加える

半透明のマーカーで目立たせる!

3

テキストボックスの描画　オンにする

「T」のテキストツールではテキストの挿入も可能。「テキストボックスの描画」をオンにしておくと、ボックス内にテキストを挿入でき、任意の場所に移動できる。

報告書のフォーマットは、昨年のものをはいふよて

テキストボックス内に文字入力できる

テキストボックスで文字挿入も可能

シンプルでレスポンスの良い画面でノートを取る

早速ノートを取っていこう。基本的な使い方としては、マークアップと同じく鉛筆ツールで書いていくのが一般的。画面上部の鉛筆ツールをタップすると、線のカラーや線幅の変更も可能だ。もちろん、Apple Pencilにも対応しており、描画のレスポンスは非常に高い。

書いた文字を注目させるには、マーカーツールが便利。半透明なカラーマーカーを塗ることができる。こちらもカラーや線幅の調整も可能だ。手書きだけでなく、テキストツールを使って文字の入力も可能で、ノートへの直接入力だけでなく、テキストボックスへの入力も行なえる。テキストボックスでは、ボックス内でのテキスト折り返しや、入力後の位置変更なども手軽だ。

Notability

ノートを書きながら
音声も録音できる！

○ ○ ● ○ ○ ○ ○ ○ ○

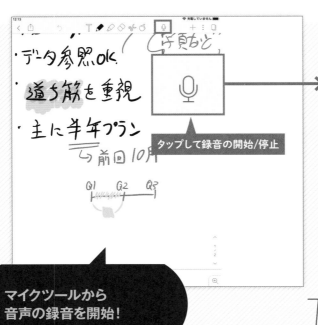

タップして録音の開始/停止

マイクツールから音声の録音を開始！

音声を録音しています。録音はメモにリンクされます。

周囲の音声を録音しながらメモれるのが、Notability最大の利点。録音を開始するには、マイクツールをタップすればいい。

1

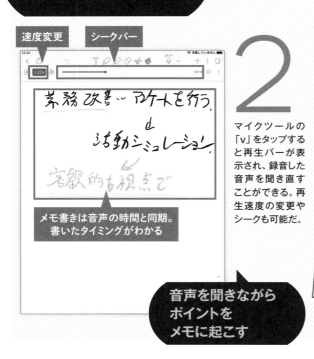

速度変更　シークバー

メモ書きは音声の時間と同期。書いたタイミングがわかる

2

マイクツールの「v」をタップすると再生バーが表示され、録音した音声を聞き直すことができる。再生速度の変更やシークも可能だ。

音声を聞きながらポイントをメモに起こす

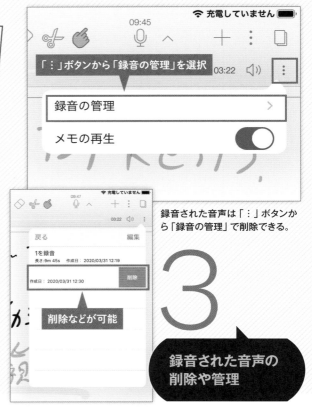

「：」ボタンから「録音の管理」を選択

録音の管理

メモの再生

録音された音声は「：」ボタンから「録音の管理」で削除できる。

戻る　　編集

1を録音
長さ：9m 45s　作成日：2020/03/31 12:19

作成日：2020/03/31 12:30　削除

削除などが可能

3

録音された音声の削除や管理

音声を録音・再生しつつノートを取ろう

　ペンでのノート書きだけでなく、Notabilityでは音声も同時に録音することができる。ノート画面では、画面上部のマイクツールをタップすることで、周囲の音声を録音しつつノートをとることができる。録音した音声を再生しつつのノート書きも可能。この際はシークバーで再生場所を移動したり、再生速度の変更も行なえる。早送りで聞き返しつつノートの内容を確認したり、低速再生で会話の内容をしっかり確認しつつノートを書いてもいい。

　なお、「メモの再生」機能をオンにしておくと、音声とノート書きとの時間が同期する。音声を再生すると、音声の進行と共にノートが描かれていくため、ノートの大事なポイントを聞き返したい場合などにも便利だ。

Notabilityの録音機能が便利に使えるシーンはこれだ！

○ ○ ○ ○ ● ○ ○ ○ ○

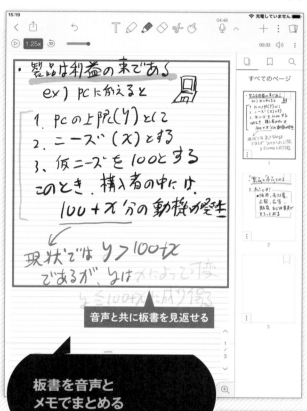

音声と共に板書を見返せる

板書を音声とメモでまとめる

1

録音機能は勉学シーンで大活躍。講義内容を録音しつつ、板書をノートに書いておけば、後ほど読み返しても講義内容とノートを照らし合わせて確認できる。

AirPrint対応プリンターが必要

AirPrint対応プリンターがあれば、ノートは共有ボタンから「印刷」を選んで印刷することもできる。友だちに配布したい場合に利用しよう。

2

音声とノート内容とが同期できるため、ポイントだけをノートで押さえておけば、後ほど音声を聞き返すときのシークポイントとして利用可能。議事録作成にも活躍する。

会議の大事なポイントをノートに書いておく

シークしてノートを書いた時間を見つけ出せる

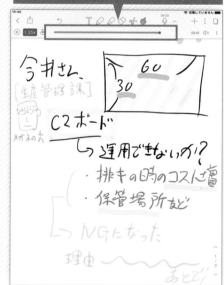

講義をまとめたり会議の議事録作成に最適！

音声録音機能が活躍する場は多い。たとえば学生を想定すると、講義の板書をまとめるのにこれほど適したツールはない。音声と板書を同時に記録しておけるうえ、ノートを印刷することも可能。勉強ツールとして非常に優れているアプリだ。大学の講義に持ち込み可能であれば、ぜひともiPadは持参してほしい。

また、ビジネスシーンでは会議内容のノートに最適。音声とノートが同期しているため、重要なポイントごとにノートを書いておけば、音声をシークして議題の場所を簡単に見つけ出せる。自分の理解度を高めるためのノートや、追って議事録を起こす際の骨子として利用していこう。また、「あの時こう説明しましたよね」とログを残せるというのも、ある意味大事なのかもしれない……。

Notability

画像挿入の仕方も
マスターしておこう

1

長押し後ドラッグで配置できる

ノートに写真を入れるには「+」ボタンをタップ。挿入元のメディアを決めよう。「写真ライブラリ」を選んだ場合は、撮影済みの写真を選択、ドラッグで配置できる。

① 撮影済みの写真を挿入
② カメラで撮影して挿入
③ 紙の書類を撮影して画像やPDFで挿入
④ 「GIPHY」からGIF画像を挿入
⑤ Safariで表示しているサイトを埋め込む
⑥ 付箋を張る

ノートにカメラの
写真を
入れ込もう

2

キャプションを入れられる

損益分岐点表

配置した画像の下にはキャプション（解説）を入れることができる。必要であれば入れておこう。

キャプションを
加える

3

「書類スキャン」では、紙で配布された書類をスキャンして、PDFや画像として追加できる。会議の資料などを読み取っておくと便利だ。

スキャンした書類を
貼り付けられる

紙の書類を
電子化して
追加する

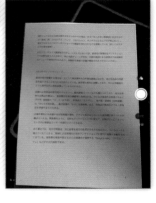

ノートに写真を挿入すれば情報量も格段にアップ!

　会議や講義のノートを取るにしても、ただペンを走らせるだけでは時間もかかる。効率よく情報を整理するには、写真も挿入していこう。「Notability」では、画面右上の「+」ボタンからさまざまなメディアを挿入することができる。

　挿入できる画像の種類も豊富。カメラで撮影済みの写真を入れられるのはもちろん。配布された書類をノートに加えたい時には「書類スキャン」が便利。紙の書類をカメラで撮影することで、ノートに貼り付けることが可能。歪み補正や明るさ補正が働き、iPadのカメラでも読みやすい。大事なポイントは「付箋」で付箋メモを貼るといった活用もある。付箋は張ってからもカラーやデザインを変更できる。要所要所で利用していこう。

Notability

書いた後もノートの
サイズ変更や色の変更もできる！

○○○○○○●○○

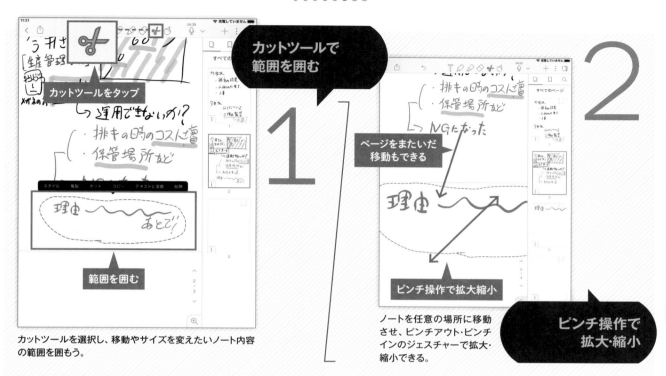

カットツールで範囲を囲む

カットツールをタップ

範囲を囲む

カットツールを選択し、移動やサイズを変えたいノート内容の範囲を囲もう。

1

ページをまたいだ移動もできる

ピンチ操作で拡大縮小

2

ピンチ操作で拡大・縮小

ノートを任意の場所に移動させ、ピンチアウト・ピンチインのジェスチャーで拡大・縮小できる。

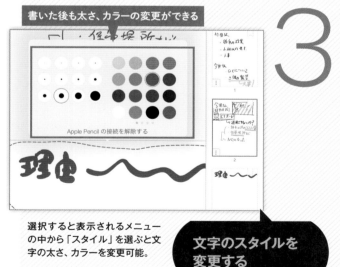

書いた後も太さ、カラーの変更ができる

3

Apple Pencil の接続を解除する

選択すると表示されるメニューの中から「スタイル」を選ぶと文字の太さ、カラーを変更可能。

文字のスタイルを変更する

用紙の種類を変更する

POINT

画面右上の「：」をタップして「ペーパー」を選べば、用紙（背景）の種類を変更できる。見た目を変えたい場合に利用しよう。

「ペーパー」から用紙種類を変更できる

● Notability

**書いた後でも
細かな調整ができる！**

　85ページでは範囲選択を利用してノートの移動を紹介しているが、追加のテクニックとして覚えておきたいのがページをまたいだ移動や、ノートのサイズや文字色の変更。「Notability」はページ切り替えが縦スクロールなので、ページをまたいだ移動も、ドラッグだけで手軽に行えるのが利点だ。また、拡大や縮小もピンチ操作でOK。選択時に表示されるメニューから「スタイル」を選ぶと、線幅やカラーを変更できる。こちらも便利なので覚えておこう。

　ポイントとして紹介している、ノートの背景変更も重要。初期設定でノートの背景を指定できるが、ノートを書き進めている間でも気軽に変更できるので、内容に合わせたり、気分で変更していくと筆も進むはずだ。

2つのメモを同時表示できる
メモスイッチャー機能が便利！

○○○○○○●○

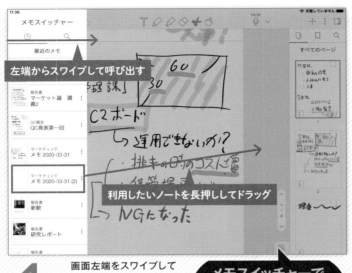

左端からスワイプして呼び出す

利用したいノートを長押ししてドラッグ

画面左端をスワイプして「メモスイッチャー」を呼び出したら、表示したいノートをドラッグする。

1

メモスイッチャーで他のノートを呼び出す

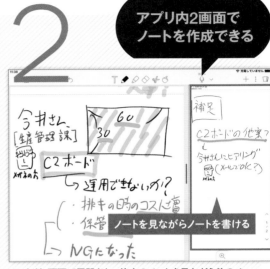

アプリ内2画面でノートを作成できる

2

ノートを見ながらノートを書ける

ノートが2画面で展開され、片方のノートを見ながら他のノートに書き込むことができる。

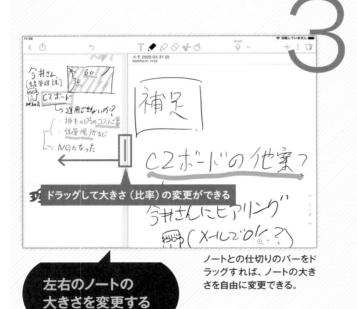

3

ドラッグして大きさ（比率）の変更ができる

左右のノートの大きさを変更する

ノートとの仕切りのバーをドラッグすれば、ノートの大きさを自由に変更できる。

Split Viewにも対応！
アプリ間のドラッグが便利

左右の画面で別々のアプリを実行できるiPadOSの「Split View」にも対応。「写真」「Safari」から画像をドラッグで貼り付けられる。

POINT!

ドラッグで画像などをノートに貼り付けできる

横画面の幅広さを活かせる分割同時編集機能

ノートアプリを利用していると、資料や他のノートを見ながら、ノートを取りたい。といったシーンもある。こうした時に Notabilityでは「メモスイッチャー」機能で対応できる。これはアプリ内で利用できるSplit Viewのような機能で、画面左端から右にスワイプするとノートのリストを表示でき、画面にド ラッグすると左右2分割でノートを展開できる。この際は両方のノートに書き込むことができる。内容を見返しながら、ポイントを書き込み、疑問点を他のノートにまとめるようなシーン で便利だ。

また、Split Viewも当然利用できるので、シーンに合わせて利用していこう。画像をドラッグで配置できたりと、こちらも便利だ。

Notability

PDFへの書き込みも快適で
校正や注釈ツールとしても便利

1

「ファイル」アプリやAirDrop、オンラインストレージサービスのアプリなどからPDFファイルを読み込もう。

「ファイル」アプリなどからPDFを読み込める

2

ペンで注釈を書き込む

メモと同じく、ペンツールなどを利用して、PDF上に注釈を加えられる。

3

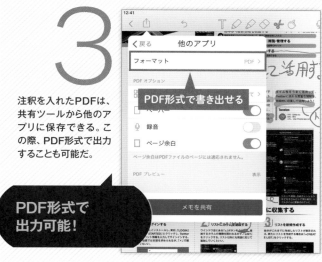

注釈を入れたPDFは、共有ツールから他のアプリに保存できる。この際、PDF形式で出力することも可能だ。

PDF形式で書き出せる

PDF形式で出力可能！

POINT

文字をテキストに変換する

370円のアドオン機能となるが、手書き文字をテキストに変換することも可能だ。

有料機能だが、手書きからのテキスト変換は役立つシーンも多い。

● Notability

まとめ 録音+手書きノートの恩恵は予想以上に大きい！

シンプルで直感的に利用できる導入の手軽さに加え、録音とノートとが同期したライブビューは、「ノートを取る」といったシーンに求められる機能そのもの。ビジネスでも学業でも、日常のさまざまなシチュエーションで活躍してくれる。

もし、今まで音声とノートを別々に記録していたとしたら、ぜひともこのアプリを試してほしい。

なお、このページでも紹介したように、PDFに注釈を加えられるため、資料のチェックや校正もOK。前のページで紹介したメモスイッチャー機能を利用すれば、修正指示の書き込みと同時に、修正点を他のノートに書き留めておけるため、校正用ツールとしての使いやすさも光る。「Notability」は万能だ。

純正アプリならではの安心感「メモ」
「マークアップ」を使いこなそう

メモ、マークアップ

手書きメモ、手描きイラスト用途にまずは試したいのが、純正「メモ」アプリに備わるマークアップ機能。Apple Pencilがあれば、より快適に使える。

名前：メモ
作者：Apple
価格：無料
カテゴリ：標準アプリ

文●小原裕太

メモ、マークアップの **ポイント**

1 簡単に使えて、書き心地もグッド!

手書きのためのツール「マークアップ」は、メモアプリからサッと呼び出して、サクサク手書きできる。Apple Pencilなら書き心地は本物のペンに近い。

2 標準アプリなのに機能充実!

3種類のペンを使い分け、色やペンの太さも自由に選べる。定規のツールを使えば、まっすぐな線を引くのも簡単だ。

3 PDFや写真にも手書きできる

メモに貼り付けた写真やPDFの文書などにも、マークアップツールを使って自由に手書きできる。文書の修正指示を入れたり、写真をデコったりするのに便利。

4 他の純正アプリでも手書きできる

Safariや写真アプリといった、メモ以外の純正アプリからもマークアップツールが呼び出せるので、ウェブページなどに手書きできる。手書きしたものはPDFとして保存可能。

メモ、マークアップの **機能**

ドローイング、ハイライト、メモ、署名記入、
テキスト挿入、投げ縄ツール、拡大鏡、シェイプ

無料で手書きを試すなら純正メモがおすすめ！

● ○ ○ ○ ○ ○ ○ ○ ○

1

手書きメモ、手描きイラストが簡単に

純正メモアプリの「マークアップツール」を使えば、画面上を指やスタイラスペンでなぞって手書き、手描きが可能。Apple Pencilであればより快適だ。

2

ペンの種類も、色も自由自在！

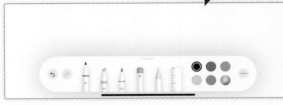

マークアップツールには、3種類のペンと選択ツール、消しゴム、定規などが用意されていて、それぞれを使い分けて多彩に手描きできる。ペンの色も切り替え可能だ。

3

写真やPDFに手描きすることもできる！

メモアプリでは、写真や書類をスキャンしたPDFを配置できるが、マークアップツールを使えばそれらの上にイラストや文字などを手描きすることもできる。

4

Apple Pencilがあれば操作性アップ！

「設定」アプリで「メモ」→「Apple Pencilでのみ描画」をオンにすると、描画はApple Pencil、メモのスクロールなどは指でといった使い分けができ、操作性がアップする。

追加アプリなしですぐ使える、Apple Pencil完全対応

　大画面のiPadならではの手書きメモ、手描きスケッチを、買ったその日から堪能したいのであれば、純正アプリの「メモ」がおすすめだ。メモアプリではテキストでメモを書き留められることはもちろん、マークアップツールを使って画面上をなぞることで、手書きが可能になっているためだ。

　マークアップツールは当然、スタイラスペンにも対応。Apple Pencilであればペンの入力角度に応じて線の太さも変わるなど、ちょっとしたメモから、簡単なイラスト、図版の制作などの用途にも役立つ。さらに、メモとして読み込んだ写真やPDF文書などにも手書きで書き込みできるなど、有料アプリにも引けを取らない機能を備えている点も、純正メモアプリの魅力だ。

インラインスケッチの使い方をマスターしよう

○●○○○○○○○

1

マークアップツールを起動する

ペンボタンをタップ

メモを編集可能な状態にしておき、ソフトウェアキーボード右上にあるペンボタンをタップする。

2

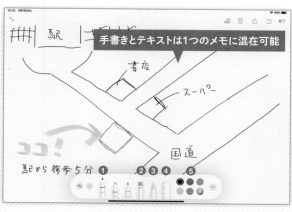

手書きとテキストは1つのメモに混在可能

① **ペン**／ペン、マーカー、鉛筆の3種類のペンを選択できる。
② **消しゴム**／なぞるとペンによる描画を消すことができる。
③ **投げ縄ツール**／ペンによる描画、オブジェクトを囲んで選択できる。
④ **定規**／定規を表示して正確な直線を描くことができる。
⑤ **カラーパレット**／ペンの色を切り替えられる。

3

ロック画面からすばやく手書きを始める

オンにする

「設定」アプリで「メモ」をタップし、「ロック画面からメモにアクセス」をタップして「オン」にしておく。

4

どこでもいいのでApple Pencilでタップ

Apple Pencilでロック画面のどこでもいいのでタップすると、メモアプリと同時にマークアップツールが起動して、すぐに手書きを始められる。

マークアップツールの基本的な使い方を覚える

　純正のメモアプリでマークアップツールを利用するには、メモを編集可能な状態にしておき、ソフトウェアキーボード右上にあるペンボタンをタップする。マークアップツールのツールパレットが画面下に表示されたら準備完了。好きなペン、好きな色を選んで、iPadの画面上にメモを手書きしよう。手書きは指、あるいはスタイラスペンで行えるが、指を使う場合はP.94の設定はオフにしておこう。

　Apple Pencilを持っているなら、iPadのロック画面からすばやくメモアプリとマークアップツールを呼び出すことができる。あらかじめロック画面からのマークアップツール起動をオンにしておくといいだろう。

ペンの太さやカラー、投げ縄ツールを使いこなそう

○ ○ ● ○ ○ ○ ○ ○ ○

1

多彩な線を描くことができる

ペンの傾きによって線が変わる

Apple Pencilを使えば、ペンデバイスの傾きに応じて線の描画が変化する。パレットのペンをタップすれば、線の太さや色の透明度を変更可能。

ペンをタップして太さや透明度を変更できる

2

色の変更も自由自在

120色から好きな色を選ぶことができる

カラーパレット右下のアイコンをタップすると、使用できる色が一覧表示される。120色も用意されているので、色鮮やかなイラストも制作できる。

タップする

3

簡単ですが、駅から会場までの地図です。
基本的に、駅に直結している商店街をまっすぐ、5分ほど歩けば、右手に見えてきます。

図を囲む

投げ縄ツールで図を移動する

投げ縄ツールをタップ

パレットで投げ縄ツールをタップして、移動させたい図や線の周囲を、ペンデバイスで囲むようになぞると、選択される。

4

タップするとフローティングメニューが表示される

カット　コピー　削除　複製

そのまま図をドラッグすると移動できる。選択を維持した状態で、図をタップすると、フローティングメニューからコピーやカット、削除、複製ができる。

有料アプリ並みの多彩な機能が使える

最初から付属しているアプリだから、それほど多機能ではないというのは、純正メモアプリのマークアップツールに限っては完全な誤解。Apple Pencilとセットで使えば、ペンデバイスの傾き検知によってさまざまな線種を描くことができるうえ、線の太さ、色、さらに色の透明度まで、きめ細かく設定できるので、本格的なイラスト制作ツールとしても十分に利用可能だ。

マークアップツールの機能の中では、投げ縄ツールも便利。ツールを使って囲んだ線や図は選択され、選択した状態でドラッグすれば、メモ内の他の場所に簡単に移動できる。同様に選択した状態でその図をタップするとフローティングメニューが表示され、コピー／カットも可能だ。

そこそこに多機能で
かなりのことができる！

○○○●○○○○○

1

「罫線と方眼」を使用する

共有ボタンをタップ

「罫線と方眼」をタップ

メモを編集中に画面右上の共有ボタンをタップして、メニューから「罫線と方眼」をタップする。

2

いずれかのフォーマットをタップ

罫線と方眼のバリエーションが、それぞれ3種類ずつ表示されるので、目的のフォーマットをタップすると、メモの背景に適用される。

3

定規を使用する

パレットの定規をタップすると直定規が表示され、それに沿ってなぞることで直線が引ける。直定規は指で自由に移動、回転させることができる。

POINT!

マークアップツールの
パレットを移動する

マークアップツールの起動時に常に表示されるパレット。初期設定では画面下中央に表示されるが、これは画面上、左右に移動させることができる。移動させるには、パレット中央上のグレーのインジケータ部分を目的の位置にドラッグすればいい。なお、パレット右端の「…」をタップして「自動でしまう」をオンにすると、パレットを使わないときは非表示になる。

ドラッグすると画面四辺のいずれか中央に移動できる

見過ごされがちだが、効果的な機能を活用しよう

　純正メモアプリのマークアップツールには、まだまだ便利な機能がある。それが、正確な構図やレイアウトを可能にしてくれ

る「罫線と方眼」機能と、まっすぐな線を描くための「定規」だ。「罫線と方眼」では、市販のノートのような罫線や方眼のマス目を、メモの背景に表示できる。これらを表示しておけば、イラス

トの構図を決めたり、複数の図の配置を整えたりするのに役立つだろう。罫線と方眼は、メモをPDFに書き出す際には非表示になる。「定規」はその名のとおりメモ上

に直定規が表示され、これに沿ってペンデバイスや指でなぞることで直線を描ける。直定規は2本指でドラッグすることで移動、2本指のうち1本を動かすことで回転できる。

写真やPDFをメモに添付して 注釈を付けよう

○○○○●○○○

1

共有ボタンをタップ

ペンボタンをタップ

写真をメモに貼り付けてから、写真をタップして選択しておき、共有ボタンをタップして、「マークアップ」をタップする。

「マークアップ」をタップ

写真に手書きできる

写真に手書きする

画面右上のペンボタンをタップするとマークアップツールのパレットが表示され、写真上に手書きできるようになる。保存時は左上の「完了」をタップする。

2

共有ボタンをタップ

PDFに手書きする

「マークアップ」をタップ

メモアプリのスキャン機能で取り込んだPDFをタップして、共有ボタンをタップし、「マークアップ」をタップする。

マークアップツールが起動して、PDFの文書に手書きできるようになる。パレットの各ツールの使い方は通常と同じだ。

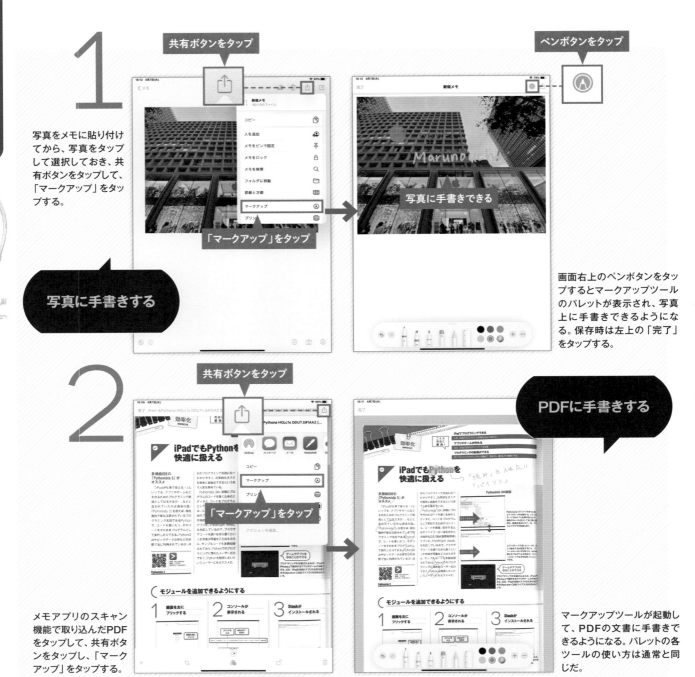

撮影した写真やスキャンした文書にも手書きできる

純正メモアプリでは、iPadで撮影した写真をメモに貼り付けたり、スキャン機能を使って撮影した文書をPDF化してメモにしたりできる。通常の方法でマークアップツールを起動しても、これらの写真やPDFに手書きすることはできないが、写真やPDFを選択した状態で、上のように操作することで、手書きができるようになる。もちろん、上の方法で起動したマークアップツールも使い方はまったく同じだ。ちょっと見落としがちな機能なので、ぜひ覚えておこう。

なお、写真に手書きをした場合、メモをそのまま保存することはできない。メモの左上にある「完了」をタップし、PDF形式に変換して保存する必要がある点に注意してほしい。

マークアップツールで
写真やPDFに注釈を入れよう

○○○○○○●○○

1

マークアップボタンをタップ

写真を開いて
マークアップを
起動する

写真からマーク
アップを起動す
る方法はいくつ
かある。「メー
ル」や「ファイ
ル」アプリ内の
写真をiPadで開
いたら、右上に
あるマークアッ
プボタンをタッ
プする。

マークアップツールを使って
手書きで注釈を入力する

マークアップ画
面に切り替わる。
メモアプリのマー
クアップツール
に似たパレッ
トが表示され、こ
れを使って写真
に手書きできる。

2

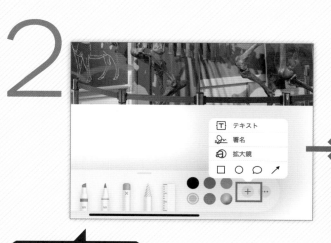

T テキスト
署名
拡大鏡
□ ○ ○ ↗

マークアップ独自の
ツールを起動する

諏訪古生物博物館にて

四角やフキダシ、テキス
ト入力などマークアップ
独自のツールを利用す
るには、右端の「+」を
タップしよう。スケッチ
とは異なる写真注釈に
便利な機能が利用でき
る。

メモ

**開いている写真やPDFに
手書きで文字を入力
できる便利な注釈機能**

　iPadには写真に注釈を入力
する「マークアップ」というツ
ールが搭載されている。これは、

写真やPDFに手書きで注釈を行
うためのツールだ。マークアッ
プは、iPadで開いた写真やPDF
から起動できる。
　「メモ」アプリのスケッチやイ
ンラインスケッチとよく似てい

るが、マークアップでは、ほか
に直線や矢印、四角や丸などの
図形を入力したり、テキストを
入力するなど、"注釈"するため
の機能が用意されているのが大
きな違いだ。マークアップは指

とApple Pencilの両方で利用
できる点も魅力。写真やPDFに
校正指示を入力したり、人や動
物の写真にフキダシとセリフを
入れたいときなどに活用しよ
う。

マークアップは
あらゆる場所から起動して利用できる

○○○○○○●○

1

調整　オプション
マークアップ　Ⓐ
アクションを編集...

「…」から「マークアップ」を選択する

**「写真」アプリの
編集画面から開く**

「写真」アプリ内に保存されている写真を開いて、「編集」画面に切り替える。上の「…」からマークアップを起動できる。

2

**「メール」アプリに
添付された
写真から開く**

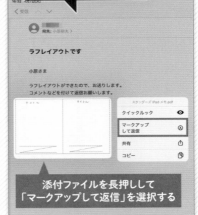

宛先：小原裕太
ラフレイアウトです
小原さま
ラフレイアウトができたので、お送りします。
コメントなどを付けて返信お願いします。

スタンダーズ iPad メモ.pdf
クイックルック　👁
マークアップ
して返信　Ⓐ
共有　⬆
コピー　⧉

**添付ファイルを長押しして
「マークアップして返信」を選択する**

「メール」アプリに添付された写真やPDFを長押しすると表示されるメニューで「マークアップして返信」を選択しよう。添付ファイルに注釈を入力して、すぐに返信できる。

3

ホームボタンと電源ボタンを同時に押してスクリーンショットを撮影し、左下に一時的に表示されるサムネイルをタップするとマークアップ画面に切り替わる。

**スクリーンショット撮影後、
サムネイルをタップする**

**スクリーンショット
撮影後にマーク
アップを起動する**

4

快適タイピング
フルサイズのバックライトキーボード、キーの運びが1mmのシザー構造により、静かで反応の良いタイピングができます。

内蔵トラックパッド
Multi-Touchジェスチャーと、iPadOSのためのカーソルが使いやすい設計です。

iPad Proの
2018年モデルにも
対応です。

フローティングカンチレバー
最も見やすい角度にスムーズに調整できます。

**PDFに変換後、
マークアップボタンをタップする**

**マークアップで
注釈を入力する**

注釈を入力したいページをSafariで表示し、右上の共有メニューから「PDFを作成」をタップする。PDF形式に変換したら右上のマークアップボタンをタップしよう。

「写真」アプリや「メール」アプリなどあらゆる場所から起動できる

　マークアップはもともと「写真」アプリ内のツールだったが、2017年にリリースされたiOS 11から大幅にアップデートされ、iPad標準アプリのほとんどから起動できるようになった。「メール」アプリに添付された写真から起動すれば、素早く注釈を入れて返信できる。また、スクリーンショット撮影直後にもマークアップを起動することができる。ライブカメラやFaceTimeで映っている風景をスクリーンショットで撮影して注釈を入力するときに利用しよう。ほかに、Safariで開いているページをPDF形式で保存する際にマークアップを起動できる。あとで利用しそうなニュース記事やブログ記事はマークアップツールで注釈を付けて保存しよう。

純正メモに合った利用法はこれだ!

○○○○○○○●

1

すばやくメモを書き留められる

アプリそのものの起動はもちろん、マークアップツールもすばやく表示できるので、会議の議事録やちょっとした雑記など、スピードが求められる手書きに最適。

2

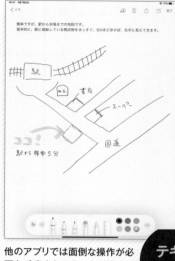

テキストと手書きを混在できる

他のアプリでは面倒な操作が必要な手書きとテキストが混在したようなメモも、純正メモアプリならスムーズに作成できる。

3

他のデバイスと手書きメモを同期できる

同じApple IDでサインインしているiPhoneやMacであれば、iPadで手書きしたメモをワイヤレスかつ自動で同期し、各デバイスで閲覧できる。

4

他アプリとの連携も自由自在

共有メニューから他アプリとの連携ができるのも、純正メモアプリの魅力。メモを受け渡す際にPDFに変換されるため、閲覧できるアプリやデバイスも幅広い。

まとめ 簡単な画像やPDFの注釈だけならスケッチやマークアップだけで十分!

正直なところ、スケッチもマークアップも機能面でほかの手書きアプリに比べると貧弱だ。しかし、Apple純正の手書きツールだけあって、Apple Pencilとの相性が抜群なのが最大のメリット。筆圧を感知し、Apple Pencilの細やかな筆致を最大限に発揮することができる。ほかのiPadの標準アプリとの連携性が高いのもスケッチやマークアップのメリット。作成したファイルは、Split ViewやSlide Overでほかのアプリにドラッグ&ドロップで簡単にコピーできる。「メール」や「メモ」などの標準アプリを日常的に使用する人にとって特に重宝するツールといえるだろう。

私はこんな用途に手書き

内山利栄

本誌編集者。2000年ぐらいから延々とPC、Apple系の本などを出している。以前はルーズリーフの紙のノートをいろいろ分類しつつ使っていたが、現在はほぼiPadのみ。あらゆる作業の、特に開始時に効果を発揮している。

何を始めるにもiPadの手書きノートからスタート!

編集という仕事との相性の良さなのか、PCとの比率は半々ぐらいではないかというぐらいiPadを使っている。本の表紙、ページのラフや、PDFへの注釈はもちろん、台割(本のページ順の構成)作り、漫然としたアイディアを考えているとき、さらにはスケジュール管理までを手書きでやることもある。

そのほとんどを「Metamoji Note」で行っているのだが、どうやらこのアプリはあまり好きでない人が多いようだ。かなり古い「Note Anytime」のころからずっと使っているので身体に入ってしまっているせいもあるが、Metamoji Noteは今でも全然いいですよ! 機能は普通かもしれないがひと通りのことはでき、録音も可能、また独自のMetamojiクラウドで、Windowsとも同期できるのが素晴らしい。Windows側でテキスト入力もできる点が気に入っている。

さすがに最近はGoodNotes 5やZoomNotesなども使い始めているが、手書きノートはひとつのアプリに慣れてしまうと、そのほかのアプリに手を出しにくいのが難点だ。

1 表紙、誌面のラフ書きツールとして

あらゆるラフ書き作業にMetamoji Noteを使っている。ほとんど最近ではアプリのアップデートがされていないが、機能の不足はさほど感じていない(レイヤー機能、もしくはパーツのロック機能は欲しいが)。表紙はそうでもないが、誌面のラフは過去の似たようなページのラフからパーツをコピペして使うのが便利! 本誌の表紙のラフもMetamoji Noteで書いている。この場合は写真を台紙として取り込んでその上に書き込んでいる。

アプリ名
Metamoji Note

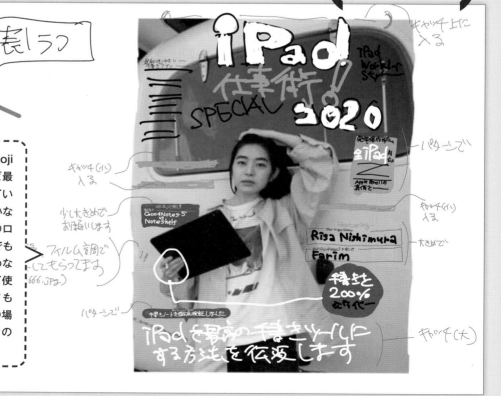

ノートを使ってます！

台割思考ツールとして

2

たとえ同業者でも、あまりこんなことしている人はいないんじゃないかという使い方だが、台割作成ツールとしても使っている。Excelで作った台紙をMetamoji Noteに取り込み、その上にペンツールで、タイトルや自分にしかわからないような妙な記号を書き込んで使っている。ページ順の変更など自由にできるので、この手法は編集者の方にはおすすめですよ！

無料版でもレイヤー機能が使えるZoomNotes Liteを使って、手書きのスケジュール管理もやっている。枠線と書き込むスケジュールのレイヤーを分けて使う。ちょっと面倒だが、パーツをグループ化しておけば、パーツの中心をタップするだけ選択でき、移動できるので便利！ まあスケジュール管理というよりは、これを書く作業をすることで「このスケジュール、一応不可能ではない！」ということを確認するために毎回やっているという感じではある（笑）。

3

スケジュール管理ツールとして

取材のメモツールとして

4

A Metamoji Noteにメモを書き込む
B 質問テキストをSlide Overで開く
C 録音機能も使う

取材のメモをとるときは、Metamoji Noteを開いて、Slide Overで「Documents」から取材の質問テキストを開き、録音しながらメモをとっている。この手法は完璧な気がする。

河本亮

フリーライター、ブロガー。2000年ころからおもにIT系の雑誌やムックで、パソコン、スマホ、タブレット、クラウドサービスの初心者用取説記事やビジネスユーザー用実践記事を執筆している。

身体に記憶させるためにノートアプリを使う

私が手書きアプリを活用する目的の多くは、「記録」ではなく「記憶」するためです。頭の中、もしくは無意識に全身に叩き込みたいことはタイピングよりも手書きで繰り返し書くほうが、しっかりと吸収できます。

具体的には「読書メモ」や「外国語学習」に手書きアプリを活用しています。特に外国語学習の場合は、学生時代から同じですが、手書きで繰り返し同じ単語や文法を書かないと習得できないと思っています。

「記録」目的に利用することもあります。特に、グラフや写真などグラフィカルものが含まれる場合にノートアプリは便利です。たとえば、ヘルスケアの記録は、ヘルスケアアプリの画面をスクショして貼り付け、そこに手書きで注釈を入れています。

2年ほど前から意識的に手書きノートを使いはじめました。最初はNote Alwaysで簡単な手書きラフの作成に使っていましたが、現在はiOSのマルチタスクに対応しているGoodNotes 5（Noteshelfを使うこともあり）で、読書メモや語学学習などさまざまなシーンで活用しています。

1 読書ノートとして活用する

アプリ名
GoodNotes 5

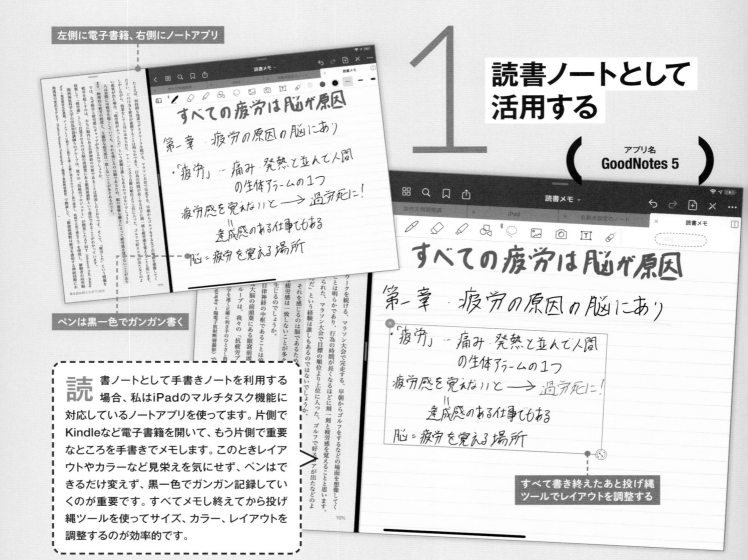

左側に電子書籍、右側にノートアプリ

ペンは黒一色でガンガン書く

読書ノートとして手書きノートを利用する場合、私はiPadのマルチタスク機能に対応しているノートアプリを使ってます。片側でKindleなど電子書籍を開いて、もう片側で重要なところを手書きでメモします。このときレイアウトやカラーなど見栄えを気にせず、ペンはできるだけ変えず、黒一色でガンガン記録していくのが重要です。すべてメモし終えてから投げ縄ツールを使ってサイズ、カラー、レイアウトを調整するのが効率的です。

すべて書き終えたあと投げ縄ツールでレイアウトを調整する

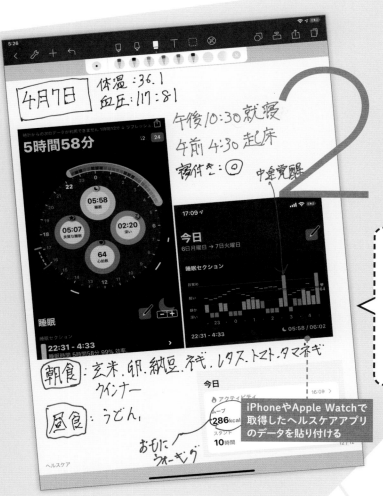

ヘルスケア記録として活用する

アプリ名
Noteshelf

既存のヘルスケアアプリではどうしてもデータがバラバラになりがちなので、手書きノートでその日のヘルスケア関連のデータをまとめて管理しています。一日の体温計、血圧、体重、体脂肪などの数字データのほか、睡眠アプリやアクティビティなどヘルスケアアプリでないと取得できないグラフィカルデータをスクショで撮影し、インポートして貼り付けます。必要な場合はそこに注釈を付け、1日の身体状態を観察しています。

iPhoneやApple Watchで取得したヘルスケアアプリのデータを貼り付ける

利用しているヘルスケアアプリ

 AutoSleep

 Apple Watch アクティビティ

語学学習ツールとして活用する

語学学習で手書きノートを利用する際は、まず読書ノートと同じようにSplit ViewでiPadの画面を分割します。左側に語学教材を開き、右側にノートアプリを開きます。手書き行為を通じた「記憶」が最大の目的なので、ここでは、ただひたすら、写経するように覚えたい単語や文法を繰り返し手書きするだけです。ページが文字でいっぱいになると、内容をすべて消去し、また書き込んでいきます。ページを切り替えるということはしません。

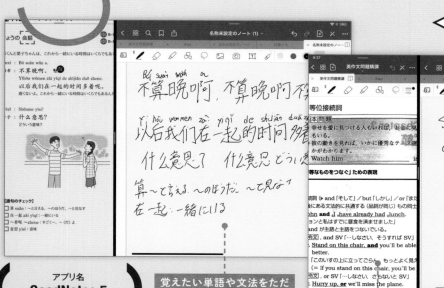

アプリ名
GoodNotes 5

覚えたい単語や文法をただひらすら書きなぐる!

教材を見ながら手書きで覚える

教材PDFをインポートして開く

GoodNotes 5は複数起動できるので、片側に教材PDFをインポートして開き、片側に手書きスペースを作ることもできる。

五藤晴菜 (@haruna1221)

iPadだけで仕事の8割こなすフリーランスデザイナー。iPad活用術を発信中。iPad活用のセミナー講師などもやっています。デザイナーという職業柄、業務に紙とペンは必須でしたが、Apple Pencilが登場して完全デジタルに移行できました。15年書き続けていた紙の手帳も廃止し、2019年1月からは完全にiPadだけで「手書き」をしています。

「iPadオンリーなライフスタイル」（Kindle Unlimited）夫婦2人でiPadの本を出しました。

デジタル×手書きはこんなところが便利!

昔から手書きで文字や絵、図形などを書くことが好きで、10年以上毎日手書き日記をつけていました。現在はiPadで「手書き」をするようになり、4年ほど経過しています。

デジタルで書いた文字は、書いた文字の大きさを変えたり、移動させたりということも簡単にできるし、撮った写真を貼りつけたりも、iPadだけで簡単にできてしまいます。紙の大きさにも制限はな

く、無限の「紙」に書けるアプリなどもたくさん存在します。

現在は手書きの文字の検索精度なども上がってきているので、手書きでも目的のものを検索して見つけることも簡単になってきています。デジタルでの手書きというと「紙の劣化版」のように感じる方もいるかもしれませんが、今や「紙より便利」と私は感じています。

1 無限キャンバスでマインドマップ

頭の中のもやもやを書き出してクリアにする時に使用するのがコンセプトというアプリ。無限キャンバスで、どこに書いてもすぐに移動でき、紙のサイズを意識しなくてもいいところが便利。書いているとどんどんアイデアを思いつくので、最初は思いつくまま自由にキーワードを書いて、後から移動させてグルーピングしたりしている。コンセプトで書いた文字やイラストはどんなに拡大縮小を繰り返してもギザギザにならないのも◎（ベクター系）。

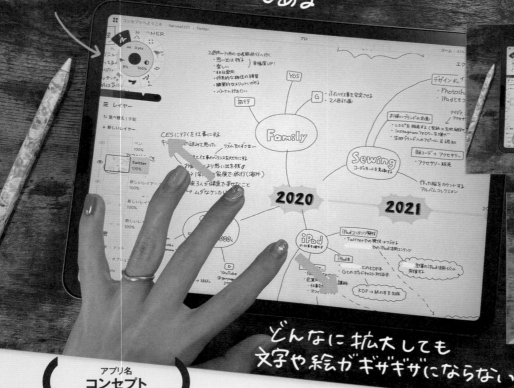

ぬりつぶしツールもある

どんなに拡大しても
文字や絵がギザギザにならない

アプリ名
コンセプト

好きな場所に移動もかんたん

どこまででも無限に書ける！

どこから書きはじめてもOK.

ペンの種類や色もたくさんある

〇や□ 直線をキレイに書けるツールもある

書いた文字の移動もかんたん

文字を書く時はこんな感じ

写真の切抜きはり付けも簡単

テンプレートのフォーマットも自作できるし、何ページも増やせる

2

アプリ名
GoodNotes 5

日記やタスク、予定などをすべてバレットジャーナルで!

や るこ とから日記まで全部まとめてiPadで。iPadで一番使っているアプリがGoodNotes 5というノートアプリ。タスク、行った場所、使った金額、予定、自分の感じたことなどを毎日バレットジャーナル形式で書き込んでいます。手書き文字も検索可能で、60ページをこえてもサクサク動く。オリジナルのノートフォーマットを作成してテンプレートとして使用するのも簡単。iPhoneで撮影した写真も簡単に切り抜いて貼り付けられる（コラージュ）ところも気に入っています。

3

便利なインスタントメモで電話メモ

アプリ名
標準メモ

設 定>メモ>「ロック画面からメモにアクセス」をオンにすると使えるインスタントメモ。詳細設定で、「最後のメモを再開」「新規メモを作成」を1時間後に設定して使用しています。こうすれば1時間以内なら、前に書いたメモの続きから書けるので本を読みながら都度メモを書き足すことが可能に。読書しながらのメモや、電話などを受けて急なメモが必要な時にはテキスト入力でのメモよりも、Apple PencilとiPadでサッとメモしてしまいます。Apple Pencil2が使えるモデルのiPad Proなら黒い画面（スリープ画面）でタップすればメモが起動します（初代Apple Pencil対応モデルはロック画面から）。

Apple Pencil 2なら黒い画面（スリープ画面）タップで メモ起動

アイデアメモ　電話メモ　読書メモ

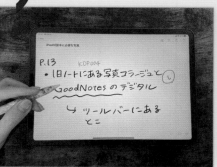

P.13　KDP004
・1日ノートにある写真コラージュと
　GoodNotes のデジタル
　　→ツールバーにある
　　　とこ

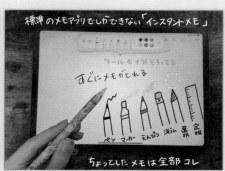

標準のメモアプリでしかできない「インスタントメモ」

ツールも十分そろってる

すぐにメモがとれる

ペン　マーカー　えんぴつ　消しゴム　蛍光　定規

ちょっとしたメモは全部コレ

iPad Working StyleBook
SPECIAL EDITION!!!

iPad 仕事術! SPECIAL 2020

2018年5月10日発行

執筆
河本亮
小原裕太
小暮ひさのり

カバー・本文デザイン
ゴロー2000歳

本文デザイン・DTP
西村光賢

撮影
鈴木文彦(Snap!)

協力
Apple Japan

編集人　内山利栄
発行人　佐藤孔建
印刷所:株式会社廣済堂
発行・発売所:スタンダーズ株式会社
〒160-0008　東京都新宿区四谷三栄町12-4
竹田ビル3F
営業部(TEL) 03-6380-6132

©standards 2020
Printed in Japan

表紙、巻頭・巻末に登場いただいたのは、写真家/映像作家/アートディレクターである西村理佐さん。音楽に関する作品が中心で、音楽雑誌などでのミュージシャンの撮影、CDジャケット撮影、MVの撮影・ディレクションなどで幅広く活躍中。ときおりモデルとしてもメディアに登場する。
Twitter=@__Loquat__
https://nishimura-risa.tumblr.com
(撮影協力:LEF TOKYO)